KB059168

30살, 여전히 도전 중입니다

학폭 피해자에서 1인 사업가가 되기까지

30살, 여전히 도전 중입니다

30 YEARS YOUNG AND STILL
CHALLENGING MYSELF

이원준 지음

바이북스
ByBooks

나의 시행착오가
당신에게는 내비게이션이 되길…

당신의 시간은 유한하다. 이것은 명백하다. 여러분 역시 어느 시점이 되면 죽을 수밖에 없다.

그렇다면 우리의 인생에서 가장 중요한 시기는 언제일까? 나는 20~30대라고 생각한다. 내가 이렇게 이야기를 하는 것은 단순히 내가 지금 이 시기를 살고 있기 때문만은 아니다. 오히려 나의 삶은 20대까지는 암담했다.

'가족 간의 불화, 24살까지 모태솔로, 대학 1학년 학점 0.87, 학교 폭력'

10대와 20대 초반의 나를 설명하는 단어였다. 나는 가부장적인 아버지와 항상 희생을 강요당한 어머니 사이에 독자로 태어났다.

어렸을 적 내가 가장 많이 들었던 말은 "변명하지 마"라는 말이었다. 학창시절 나는 항상 억눌린 아이였고 자기주장 한 번 못하는 그런 아이였다. 중학교와 고등학교 때는 같은 친구들에게 학교 폭력을 당했다. 내게 가장 어려운 일은 사람의 '눈'을 제대로 응시하는 것이었다. 나는 땅을 보는 게 가장 편한 아이였다.

그런 아이가 대학생이 되었다. 불안하게 20살이 된 나는, 가까운 친구 이외에는 사람들과 잘 어울릴 수 없었다. 솔직히 무서웠다. 귀찮다는 핑계로 모든 걸 멀리하게 됐다.

대학교 1학년 때는 부모님 몰래 학교를 가지 않았다. 0.87, 내 손에 쥐어진 성적표 점수였다. 그래서 핑곗거리가 필요했다. 부모님을 원망했고 세상에 대해 분노했다.

"그까이 꺼 인생 될 때로 되라지."

그러던 어느 날 문구 하나가 눈에 띄었다.

"어제와 똑같이 살면서 다른 미래를 기대하는 것은 정신병 초기 증세이다."

알베르트 아인슈타인이 했던 말이다.

나는 10년 전, 5년 전, 1년 전, 그리고 어제도 같은 생각을 하는가? 내 1년 뒤, 5년 뒤, 10년 뒤가 불 보듯 뻔한 미래인데 왜 지금 아무 행동도 하지 않을까?

나의 무기력은 학습된 것이었다. 어제처럼 살았기 때문에 오늘도 같은 것이고, 그 당시에는 미래에도 이와 비슷할 거라는 생각이 확고했다. 그렇기에 이 무기력 상태에서 벗어나려면 지금 당장 무언가를 해야 했다. 하지만 막막했다. 나에게 조언을 해주는 사람도 없었을 뿐만 아니라 더 정확히는 무엇을 '어떻게' 해야 하는지 몰랐다. 내가 할 수 있는 방법은 하나였다. 그저 '몸으로 뛰는 것'이었다.

가장 먼저 성공학, 자기계발, 인간관계와 관련된 책을 지속적으로 읽기 시작했다. 그리고 유명인사의 강연을 직접 찾아가서 들었다. 머리에 든 것이 없기 때문에 지식을 넣으려고 노력했다. 그리고 행동했다. 아무것도 없기 때문에 절실했고 아무것도 없기 때문에 잃을 것도 없었다. 그 결과 여러 시행착오가 있었고 많은 '성공'과 '실패'가 있었다.

8년이 지났다.

'아르바이트 100가지 이상의 경험, 중견기업 영업사원 그리고 퇴사 후엔 작가, 강사, 유튜버, 연애컨설턴트, 대학생을 이끄는 멘토 그리고 사업가'

자랑은 아니지만 지금의 나를 설명하는 단어들이다. 부단히 실패했고 발발거렸다. 나의 8년은 도전의 연속이었다. 열심히도 했지만 혼자 했기 때문에, 정말 아무것도 몰랐기 때문에 8년이라는 시간이 걸렸다. 아마 이 글을 보는 여러분은 이미 나의 시작점보다는 더 가능성이 높은 존재라고 확신한다.

올바른 방향을 잡고 나아갔을 때 사람은 달라진다. 이 책엔 인생의 방향성, 돈, 인간관계 등 내가 겪었던 경험과 지혜들을 모두 담으려 노력했다. 정말로 눈 꽉 감고 실천한다면 우리의 삶은 분명히 변한다. 평범한 내가 변했기에 여러분 모두 변할 수 있다고 분명하게 말할 수 있다.

사실 학창시절까지의 우리는 과거의 '어떤 환경'에 의해 크게 영향을 받는다. 가장 먼저, 부모의 성향에 따라 1차 성격이 형성된다. 그리고 학교라는 울타리에서 같이 어울리는 '집단'에 의해 2차적으로 '나'라는 사람의 정체성에 영향을 받게 된다. 이러한 사실로 보았을 때 우리는 흔들릴 수밖에 없는 존재이기도 하다. 20살 이전에 스스로 무엇을 직접 '선택'해본 적이 있는가? 진지하게 생각해보자.

참 안타깝게도, 우리의 방향성을 잡아주는 사람은 거의 없다. 우리가 배운 수업 중에 '어떻게 살아야 하는가'에 대한 이야기는 없다. 그렇기에 흔들리는 존재로 '사회'라는 곳에 나오게 되면 우리는 더욱더 혼란스럽다. 그나마 우리를 보호해주던 '학교'라는 울타리

마저 사라지기 때문이다. 세상은 나보고 '성인'이라고 하는데 나는 아직도 애 같은 나이 20대, 30대다.

다시 한 번 강조하지만, 당신의 20대~30대가 당신의 인생을 결정한다. 당신의 청춘은 생각보다 길지 않다. 더군다나 시간이 있을 때는 돈이 없고 돈이 있을 땐 시간이 없다. '온전하고 완전한' 상태가 인생에는 없다. 지금 당신이 미루어오고 있는 것은 언젠가는 해결되지 않는다. 지금 문제를 해결하면 또 다른 문제가 찾아온다. 내가 해야 할 것은 계속 뒤로 미뤄진다. 또한 인생의 '대박'이라는 것은 함부로 찾아오지 않는다. 차근차근, 그리고 올바른 시행착오를 겪어야 당신이 제대로 성장할 수 있다.

그리고 이 책은 나처럼 고군분투하는 당신을 위해 쓰여졌다. 나라는 페이스메이커가 당신 옆에서 같이 뛰고 있다고 말해주기 위해 쓰여졌다. 우리는 할 수 있다.

나의 10대는 우울했고 20대는 치열했다. 그런데 30대는 오히려 새롭다. 여전히 도전 중이다.

다양한 사람을 만났고 다양한 경험을 했으며 다양한 성공과 실패를 했다. 이 과정에서 의미 있는 경험도 있었으며 퇴보했던 경험도 있었다. 그리고 나만의 시야가 생겼다. 치열했던 내 20~30대의 생활이 누군가에게는 도움이 될 수 있을 거라고 생각했다. 이 책을 읽는 누군가는 나처럼 시행착오를 줄이고 살아가길 바라는 마음으로 이 책을 썼다.

이 책을 다 보고 나면 당신이 이런 생각이 들었으면 좋겠다.
'이런 놈도 하는데 내가 못 하겠나!'
진심으로 도움이 되길 바라며 글을 시작해본다.

c o n t e n t s

Chapter 2

당신은 틀렸다 – 마인드 세팅

Chapter 3

루저(Loser)에서 위너(Winner)로

Chapter 4

나 같은 놈이 해내는 방법

Chapter 5

진짜 변화하고 싶은가요?

Chapter **1**

인생에
로또는 없다

날아가버린
대박의 꿈

2017년 말쯤부터 나를 자극하는 뉴스가 눈에 보였다. 바로 '비트코인'에 관련된 이야기였다. 매일매일 최고점을 돌파했다는 기사들이 뉴스 1면을 장식했다. 처음에 비트코인에 관련된 기사를 보고 드는 생각은 '또 개미들 돈 털어먹는구만'이었다.

그런데 이게 장난이 아니다. 매일매일 뉴스 기사들을 접하고 주변에 한 명 한 명 돈을 땄다는 소식이 들려오니까 '나도 한번 해볼까?'라는 생각이 스멀스멀 올라왔다.

그래서 2017년 11월 '빗썸'이라는 사이트에 가입했다. 들어가 봤더니 비트코인이라는 '대장주' 이외에 여러 다른 코인들도 보였다. 이러한 코인들은 '알트코인'이라고 불렸다. 저렴한 코인이 뭐가 있을까 하다가 '리플'이라는 코인이 눈에 들어왔다. 그렇게 처음으로 나는 50만 원이라는 돈을 투자(투자라고 쓰고 도박이라고 읽는다)하게 되었다.

당시에 나는 회사를 다니고 있었기에 직장 일 이외에 무언가를 해야겠다는 생각이 항상 들었었다. 코인에 한번 돈을 넣고 나니 조금 더 '공부'가 해보고 싶어졌다. 네이버 코인카페에 가입을 하고 여러 커뮤니티를 돌아다니면서 정보를 모았다. '업 비트'라는 사이트도 가입했다. 그렇게 불과 1주일 후에 나는 돈 300만 원을 더 넣게 되었다. 그리고 돈을 넣었던 당일 오전에만 +30만 원을 벌게 된다. 일이 시시해졌다. 이거 대박인데? 더욱 더 흥미가 갔다. 그렇게 정보에 정보를 모아, 여러 곳에 더 투자를 했다. 총 금액 700만 원까지 올렸다. 주변 친구들에겐 코인을 적극적으로 추천했다.

그렇게 2018년 1월에 정확히 +700만 원을 달성하게 된다. 2배 이상의 수익을 올리게 된 것이다. 하지만 여기가 끝이 아니었다. '이건 분명히 더 오른다. 절대 안 뺀다. 내가 들어간 지점이 저점이다'는 내 믿음이었다. 그리고 그 결과는 어떻게 되었을까? 더 올라서 보너스 같은 돈을 벌었을까? 모두 알다시피 코인은 속된 말로 순식간에 폭락을 하기 시작했고 지금 내 코인계좌를 보면 -95%를 달리고 있다. 거의 원금이 없는 수준이다. 하루에도 수백 번 올라갔다 내려갔다 하는 코인 시세를 보면서 일에 집중할 수 없었는데, 2배가 되는 데 3개월이 걸렸지만 그 모든 것이 다 날아가고도 절반 이하가 되는 데는 48시간도 걸리지 않았다. 허망했다. 하지만 이를 통해 확실한 한 가지 교훈을 얻을 수 있었다.

'인생에 요행은 없다.'

누구나 부자가 되고 싶고 그 가운데서 자기에게 '운'이 찾아오길 기대한다. 하지만 항상 운이라는 것은 아무것도 안 하는 상태에서 찾아오지 않는다. '기회' 역시 마찬가지다. 매일매일 목표에 꾸준히 다가기 위해 노력할 때 갑자기 '운'과 '기회'가 찾아온다.

"행운은 준비된 사람에게만 온다."

프랑스의 루이 파스퇴르는 이렇게 말했다.

나 역시 마찬가지였다. 배움에 갈망을 가지고 매일매일 움직였기 때문에 지금의 나를 만들어주신 멘토 2분을 만날 수 있었고, 강연가와 작가라는 내가 이전에는 생각지도 못한 길로 새로운 방향성을 잡을 수 있었다. 연애에 대한 갈망 덕분에 지금 누군가를 연애로 이끌 수 있는 연애컨설턴트가 될 수 있었다.

만약 여러분이 유튜브를 한다면 검색창에다가 '신해철'이라는 이름을 쳐봐라. 그러면 그의 생애 마지막 강의가 나오는데 꼭 보기를 권한다. 거기서 하는 말은 다음 한마디로 요약된다.

우리는 '성공'보다는 '성장'하는 삶을 살아야 한다.

'성공'이라는 것은 '운'에 가깝다. 그렇기에 우리가 돈을 많이 벌고 싶어서 노력한다고 꼭 돈이 많이 벌어지지 않는다. 하지만 '성장'은 우리가 충분히 할 수 있는 영역이다. 그리고 성장은 곧 '개인의 그릇'이다. 목표를 구체적으로 잡고 그것을 꾸준히 키워갈 때, 우리는 성공이라는 운을 담을 '그릇'을 키워나갈 수 있다. 그렇게 개인이 그리는 '성공'이라는 개념에 점점 더 다가가게 된다. 고로 다시 한 번, '성공'보다는 '성장'을 추구하라. 그러면 반드시 결과는 따라올 것이다.

비록 첫 소개팅은
실패했지만…

나는 24살까지 모태솔로였다. 군 입대 전, 첫사랑에게 3번의 고백을 했지만 모두 까였고, 군대시절 내내 힘들었다. 그 당시 근무를 서던 중, 문득 이런 생각이 들었다.

'아, 여자는 어떻게 만나는 것일까? 정말 이러다 평생 여자 한번 못 만날 것 같다.'

그 순간이 정말 아직도 기억이 난다. 그만큼 당시의 나는 어떻게 이성을 만나야 하는지, 무슨 말을 해야 하는지 개념조차 서지 않았다.

그렇게 군대를 전역하고 처음 소개팅 자리에 나갔다. 저녁 6시 혜화에서 보기로 약속이 되어 있었다. 당시 나는 5시 30분에 수업이 끝나자마자 바로 약속장소에 도착하면 됐다. 하지만 정말 수업을 들으면 들을수록, 시간이 지나면 지날수록 긴장이 됐다. 쉬는 시간, 화장실에 가서 거울을 보는데 머리가 마음에 들지 않았다. '안 되겠다'라고 생각이 들었다. 나는 마지막 수업을 결석하기로 마음먹었다. 1시간 정도 걸리는 집까지 와서 머리를 다시 감고 세팅을 다시 했다. 옷도 갈아입었다. 그리고 다시 1시간이 걸리는 혜화로 갔다. 혜화역 계단을 올라가는 긴장감 속에 전화를 했다.

"여보세요? 어디세요?"

그녀는 혜화역 4번 출구 앞에 있었다. 아, 솔직히 내 스타일이 아니었다. 원래 연애를 많이 못해본 것들이 눈이 높다. 실망했지만 그래도 밥은 먹어야겠다 싶어 이동했다. 그렇게 셀프형 돈까스 집에 도착했다. 인터넷에서 본 건 있어서 수저하고 젓가락을 휴지 위에 올려놓으려 하는데, 아뿔사, 내 손이 떨리고 있었다. 수전증도 없는데 손이 떨렸다. 내 옆에 여자가 마음에 들지도 않는데 손이 떨렸다. 그러자 옆에 있는 소개팅녀는 이걸 보고 웃었다. 그렇게 내 첫 소개팅은 끝났다. 당연히 잘되지 않았다. 집에 오는 길에 생각해봤다.

'왜 이렇게 어려운 존재일까, 여자사람은. 기필코 내가 마음에 드는 사람과 사귀고 만다.'

그렇게 결심한 나는 며칠 뒤 태어나서 '헌팅'이라는 걸 처음 해 봤다. 다양한 모임에 가입해서 이성이 있는 곳으로 갔다. 처음에는 그렇게 어색할 수가 없었다. 그래도 뒤풀이가 있으면 뒤풀이도 갔다. 그렇게 찌질했던 24살의 나는 열심히 노력했다. 그 결과 태어나서 처음 연애를 할 수 있었고 그 이후로는 누군가를 무리 없이 만나게 되었다. 그 과정에서 남녀 간의 관계에 대해 공부했고 직접 부딪히면서 체험했다. 처음에는 정말 계속 까였지만 어느 시점부터는 이성에게 어떤 식으로 해야 어필이 되는지 알 수 있었다. 그리고 지금 나는 누군가의 연애를 만들어주는 연애컨설턴트라는 직업 역시 가지고 있다.

나의 이런 사례를 보면 당신은 어떤 생각이 드는가?

'연애 가지고 저렇게까지 할 정도야?'는 생각이 충분히 들 수 있다. 하지만 당시의 나는 무척이나 절박했다. 그래서 몸으로는 열심히 움직이고 머리로는 계속 공부했다. 초반에는 '결과물'들이 나오지 않았지만 어느 시점이 지나면서 '남-녀 간의 역학'에 대해서 이해하게 되었다. 그런데 연애가 이 챕터의 주제는 아니다.

전 챕터에서 '성공'보다 '성장'하는 삶을 살아야 한다는 말을 기억하는가?

나의 연애 도전기는 '성장'의 과정이었고, 그 과정 속에서 결국 '성공'이라는 운을 잡을 수 있었다. 세상에 못할 일은 없다. 단지 안 하는 것이다. 스스로 불가능할 것 같은 '연애고자'를 탈출하면서 내가 정말 열심히만 한다면, 좌절만 하지 않는다면 늦더라도 대부분의 것들을 성취할 수 있다는 것들을 알게 되었다. 그리고 이러한 믿음을 내 삶의 다양한 부분에 적용하기 시작했다. 지금 이 책도 포기하지 않고 글쓰기에 노력했기에, 수능 언어영역 5등급 출신인 나도 내 생각을 정리해서 글을 쓸 수 있게 되었다.

그렇다면 당신은 당신이 생각하는 대로 사는가? 아니면 사는 대로 생각하는가?

힘겨웠던 학창시절과
군대에서의 결심

조금 찌질한 이야기를 하려 한다. 스스로에 대한 고백이기도 하고 이미 일어났던 '사실'이기도 하다. 쓰면서 눈물이 날까 봐 걱정되고 조심스럽다. 하지만 모든 과거에 직면할 수 있을 때 앞으로 나아갈 수 있는 법이라고 했다. 지금부터 시간을 초등학교, 아니 국민학교 시절로 돌려보겠다.

내가 기억하는 어린 시절의 나의 모습은 '부모의 영향력에 갇힌 어린아이'였다. 아버지는 엄해서 회초리를 드시는 아버지였다. 어릴 때 가장 많이 들었던 말은 "변명 하지 마"였다. 강요 아닌 강요는 나를 항상 움츠리게 만들었다. 당시에 나는 내 주장을 하는 것이 잘못인 줄 알았다. 그러다 보니 사람과 대화가 낯설었고 점점 말이 없어졌다. 할 말이 없으니 상대방의 눈조차 제대로 보지 못했다. 그 시절 가장 많이 듣던 말은 2가지였다.

"뭐 잘못했어? 왜 눈을 아래로 보고 다녀?"

"눈치 좀 그만 봐라."

당연히 고칠 마음도 없었고 정확히는 고쳐야 한다는 생각조차 못했다. 당시 내가 잘하는 건 딱 하나 바로 축구였다. 지금은 축구를 많이 하진 않지만, 그 시절 축구를 만나지 않았다면 난 정말 힘든 학창시절을 보냈을 거라 생각한다. 초등학교 5학년 때, 반 전체에 축구 열풍이 불었다. 나는 다행히 축구를 못하지 않았다. 초등학교 4학년 이전까지는 '친구'라고 부를 만한 사람이 별로 없었는데 초등학교 5학년 때 처음으로 내가 생각하는 친구들이 생겼다. 이 친구들은 지금까지도 가장 많이 만나는 친구들이니 다시 한 번 '축구'에 감사한다.

하나 기억나는 일화가 있다. 종례 시간에 선생님이 "우리 반에서 가장 착한 친구는 누구일까요?"라는 질문을 우리에게 던졌다. 친구들의 이름이 나오고 있는데 어떤 여자애가 일어나서 내 이름을 말했다. 그 순간, '아 고맙다'는 생각이 아니라 나는 '아니, 왜 나를 주목시키게 만드는 거야? 쪽팔리게!!'라는 생각이 바로 올라왔다. 그리고 너무 민망해서 책상 밑으로 숨어버렸다. 그때의 기억만은 정말 생생하다. 그때의 나는 착한 것이 아니라 소심하고 자기주장을 못하기에 말이 없는 그런 사람이었다.

중학교에 입학했다. 같이 축구하던 친구들이 같은 중학교에 대부분 배정받았다. 다행이라는 생각이 들었다. 누군가를 새로 알아가는 과정은 나에게 너무 어려웠기에 아는 사람들이 옆에 있다는 것이 좋았다. 하지만 웬 운명의 장난이란 말인가? 나는 1학년 2반이 되었는데 같이 축구하던 친구가 단 한 명도 같은 반이 되지 못했다. 모든 게 다시 너무 어색해졌다. 조용하고 삐쩍 마른 나는 혈기왕성한 친구의 타깃이 되었다. 어느 정도 덩치가 있고 장난기가 있던 친구들은 나를 괴롭혔다. 폭행도 있었지만 그래도 왕따는 아니었다. 나와 비슷한 느낌을 주는 친구와 어울렸기에 최소한의 말동무는 있었다.

지금의 내가 그때의 나에게 하고 싶던 말은 하나였다.
'정말 분하면 의자라도 집어던졌으면 좋았을 텐데….'
그 시절의 나를 생각하면 정말 안아주고 싶다. 하지만 내가 나를 안아주는 시간이 오기까지도 정말 오래 걸렸다. 스스로를 인정한다는 것은 아주 어려운 일이라는 걸 느꼈다. 다행히 중학교 1학년 중반 이후에 학교에 '축구 동아리'가 생겼다. 초등학교부터 같이 축구했던 친구들 거의 대부분이 이 동아리에 들게 되어서 나는 악몽 같은 반에서 벗어나 수업이 모두 끝나면 운동장으로 달려가는 걸 반복했다. 다행히 중학교 2, 3학년은 같이 축구를 했던 친구들이 같은 반이 되었다. '환경' 자체가 달라지는 느낌이었다. 심리적으로도 훨씬 편했기에 반에 적응할 수 있었다. 억눌러 있던 무의식은 어쩔 수 없었지만 그래도 남의 눈으로 봤을 때 소심하지만 최소한의 자기표현을 하는 학생이었고, 나 스스로 생각할 때도 적당히 표현할 수 있는 그런 '나'가 드러나기 시작했다.
누구도 모르는 그때의 내 머릿속은 정말 혼돈 그 자체였다. 아직 중1 때 당한 폭력의 상처는 지워지지 않았다. 어린 시절 강압적인 가족 분위기는 나라는 사람이 '두려움'에 대항하기 힘들도록 '조 건화'했다. 여유도 없었기에 이기적인 아이였다. 내 것을 지키기에 바빴을 뿐 남의 마음을 이해하고 공감하는 건 무척이나 서툴렀다. 당시에 이기적이라는 이야기도 참 많이 들었다. 특히나 집에서 부 모님이 '돈'으로 싸우는 일이 많았기에 누군가에게 돈을 쓰는 것은 너무나 인색했다. 나 스스로에게 쓰는 것도 어려웠다. 나는 마음이 정말 가난한 사람이었다.

그렇게 마음이 아픈 아이는 고등학생이 되었다. 중학교 3학년이 되면, 이제 고등학교를 배정받게 된다. 당연히 집 근처에 가겠거니 생각을 했는데 웬걸, 혼자 '뺑뺑이'의 피해자가 돼서 모든 친구들과 떨어지게 되었다. 그나마 조금 적응하려고 했는데 새로운 곳이라 니. 두려움이 가득한 채 고등학교에 입학했다.

고등학교 1학년은 무사히 지냈다. 하지만 2학년이 되고 나서 역 사는 반복됐다. 힘이 센 친구들은 나를 괴롭혔다. 아마 가장 힘든 시절을 이야기하라면 고등학교 2학년 때이다. 괴롭힘을 당연하게 생각하는 친구들, 그리고 그것에 저항하지 못하는 나. 정말 학교 가는 것이 세상에서 제일 싫었다. 정말 '일 년을 버텼다'고 표현하 는 게 어울릴 정도로 힘든 시기를 보냈다(아마 군대 때보다 더 힘들지 않았나 싶다). 내 부모님, 그리고 주변 친구들조차 이 사실을 알지 못 한다. 지금 글을 쓰면서도 그때의 나 스스로가 안쓰러워 눈물이 난 다. 다시 한 번 잘 버텨준 나에게 감사하다고 이야기하고 싶다.

그렇게 고3, 재수생을 거쳐서 나는 성인이 되었다. 하지만 내 마음속 작은 아이는 아직 과거에 있었다. 영화 〈건축학개론〉 같은 대학교 생활을 기대했지만 그런 것은 없었다. 대학교부터는 수업을 듣는 것, 시험을 보는 것, 시간표를 짜는 것, 동아리에 가입하는 것, 사람과 이야기하는 것 모두 내 자유였다. 그런데 나는 자유를 누릴 만한 그릇이 되지 못했다. 모든 게 낯설고 어색했기에 회피했다. 학교도 가지 않았다. 사람들과 대화도 하지 않았다. 1학년을 0.87의 학점과 아는 사람 남자 2명 정도로 마무리하고 도망가듯 군대로 향했다.

23살에 전역을 했다. 군대에서 읽었던 책 중에 《꿈꾸는 다락방》과 《아프니까 청춘이다》라는 책이 있었다. 아무 생각 없이 살던 내게 책은 "너는 변화할 수 있어", "너는 원하는 것을 무엇이든 할 수 있어"라고 응원해주고 위로하며 나를 일깨워주었다. 누구나 그렇겠지만 군대에서는 정말 이런 말 한마디 한마디가 위로가 된다. 그리고 전역을 하면서 하나의 명확한 생각을 가지게 되었다.

"지금 이 상태의 너로 살면 안 된다. 원준아, 너는 살기 위해서 변해야 한다."

23살, 나는 인생 2막에 들어섰다.

결핍과 절박함에서
시작된 변화

지금의 삶은 과거의 삶이 있기 때문이다. 대학 1학년 때의 삶처럼 살면 안 되는 것이기에 이전과는 다른 '행동'을 해야 한다. 우선 0.87의 학점을 메우기 위해 학과 공부에 충실했다. 2학년 평점 3.2. 계절 학기까지 들었다. 컴퓨터과학과인 나는 컴퓨터 프로그래밍이 너무 힘들었다. 그 결과, 3학년 때 경영학과로 복수전공을 했다. 경영학과 특성상 팀플 과제가 많았다. 사람들과 억지로라도 어울려야 했다. 이전과 '다른 행동'을 해야 했다.

나는 팀플 과제에서 무조건 '발표'만 했다. 발표가 제일 무서웠기 때문에 발표를 선택했다. 호랑이를 잡기 위해서는 호랑이 굴로 들어가지 않으면 안 된다고 생각했다. 남들은 발표하는 나에게 큰 관심이 없었지만 나는 나를 보는 사람들의 시선들이 여간 부담스러운 것이 아니었다. 말은 떨리고 손에 땀은 났지만 그래도 했다. 한 학기, 한 학년 내내 했다. 발표력과 임기응변을 향상시키기 위해 스피치 스터디도 정기적으로 나갔다. 말을 잘하고 싶었다. 당황하지 않고 내 이야기를 하고 싶었다.

학기 중에는 대외활동에 관심을 가졌다. 대학 때는 시간이 많이 있기에 열심히 외부활동을 했다. 공모전부터 해서 독서모임, 버킷리스트를 지키는 모임 등 정말 개인적이고 사소한 모임부터 해서 1주일을 바쁘게 보내려고 노력했다.

그 무렵 처음 여자친구도 사귀게 되었다. 오래가지는 못했지만 나는 그동안 미뤄왔던 '미션'들을 하나하나씩 천천히 해나가고 있었다. 겨울 방학이었다. 한국경제에서 열리는 빅 데이터 마케팅 공모전이 있었다. 나는 학교 친구들과 팀을 짜서 나갔고 심사위원 포함 총 300명 이상이 있는 홀에서 발표를 했다. 1년간 열심히 발표를 하고 준비했기 때문에 어렵지 않았다.

그렇게 치열하게 20대를 보냈다. **나의 20대 중반 이후의 삶은 오로지 '도전'의 역사다. 나는 스스로가 '이렇게 가진 것이 없구나'를 느끼면서도 그것을 극복하지 않으면 안 된다라는 절박한 마음가짐으로 부딪쳤다.** 성공도 있었지만 더 많은 실패가 있었다. 포기하지 않았던 것은 강한 결핍과 절박함 때문이었다. 지금 되돌아보면 '정말 무식했구나'라는 생각도 들면서 '결핍'과 '절박함'에 대해서 다시 한 번 생각해보게 된다.

책에서 본 크게 성공한 사람들은 이상하게 정말 가난하고 불우한 환경에서 태어난 경우가 많았다. 그들은 어떻게 추진력을 가지고 목표를 달성할 수 있었을까? 내 생각이지만 강력한 '결핍'이 성공해야겠다는 최초의 동기가 되지 않았을까 생각한다. 절대로 이렇게 살고 싶지 않다는 강한 동기. 그들과 비할 바는 아니지만 나 또한 20대 중반에 그러한 마음가짐으로 살았다. 앞뒤 안 가리고 할 수 있었던 것은 괴롭힘을 당하던 나, 아무것도 저항할 수 없던 나, 모태솔로의 나, 사회성 제로의 나로 절대 살고 싶지 않은 강한 '결핍'에서 나오는 절박함이었다.

지금도 열심히 발악하고 있다. 자존심? 이미 모두 다 버린 지 오래다. 작년쯤 나는 과거의 나를 괴롭혔던 친구들 모두를 용서했다. 물론 만나서 용서한 건 아니고 마음으로 용서했다. 이 과정은 정말 오래 걸렸다. 20살이 넘어서도 이 친구들을 생각하면 손이 부들부들 떨렸다. 명상을 하던 어느 날, 문득 다음과 같은 생각이 들었다.

'그래, 그 친구들 역시 처음 중학생이었고 고등학생이었다. 그들 또한 서툴렀다. 그들도 어렸고 지금의 이 친구들이 그때로 돌아간다면 그런 짓은 아마 하지 않을 것이다. 그리고 무엇보다 너는 잘못한 것이 없다. 너 역시 태어나서 처음 중학생이고 고등학생이었다. 그때 그러한 경험이 있었기에 지금 너는 더욱 열심히 살고 있다. 지금의 너와 그때의 너는 다르다. 잘 커줘서 고맙다. 원준아.'

이런 생각이 들고 그 친구들에 대한 분노가 물밀리듯 사라졌다. 그 친구들을 다시 볼일은 없겠지만 다시 본다고 해도 아마 화를 내고 흥분하지는 않을 것이다.

글을 쓰면서도 참 스스로 고생했다는 생각이 많이 들었다. 더불어, 나의 치부이기도 한 내 학창시절을 모두 이야기한다는 것은 상당한 용기가 필요했다. 부모님에게도 말해본 적이 없고 내 친한 친구들도 이런 자세한 이야기는 모른다. 하지만 나는 책을 쓰면서 혹시나 나와 같은 경험이 있다면, 나처럼 밑바닥이었다면 우리는 정말 우리가 원하는 방향으로 삶을 다시 살아갈 수 있다고 말해주고 싶었다. 나 같은 사람도 살기 위해 몸부림치니 꿈틀대고 세상과 가까이 갈 수 있었다. 이 글을 보는 여러분이 혹시나 지쳐 있다면, 스스로에 대해 좌절하고 있다면 도움이 되었으면 좋겠다.

'할 수 있다, 분명히.'

성공이냐,
성장이냐

"성공은 운이다. 하지만 성공을
담아낼 수 있는 그릇은 노력으로 만들 수 있다."

– 신해철 –

가장 중요한 개념이므로 조금 더 구체적으로 성공과 성장의 개념에 대해 이야기해보려고 한다. 당신에게 성공이란 어떤 느낌인가? 일반적으로 생각되는 성공은 '결과물에 도착한 상태'와 같다. 월 1,000만 원을 버는 것. 좋은 차를 사는 것. 내가 원하는 집을 사는 것. 좋은 배우자와 결혼하는 것. 회사에서 인정받는 것.

우리 사회는 '성공'에 목말라 있다. 그렇기에 더 좌절하기 쉽다. 성공하지 못하면 '실패'한 인생이라는 낙인이 찍힌다. 사실은 우리가 '소확행', 'YOLO'라고 부르며 오늘을 즐기자는 것은 사실은 자신의 이상에 도달하지 못한 것에 대한 '면죄부'적인 요소가 분명히 있다고 생각한다. '미래는 어떻게든 되겠지'라는 막연한 마음을 가지고 있지는 않은가?

최근에 이슈가 된 유튜버 '보람TV'을 보면서 '허탈감'이 드는 건, 나만 느끼는 생각은 아닐 것이다. 누군가는 우리에게 말한다. "노력이 부족하다고, 혼신의 힘을 다하지 않았다고."

하지만 아프니까 청춘이 아니듯이 엄연히 100% 내 노력이 부족하다는 건 지나치게 모든 책임을 개인에게 돌린 것이라고 생각한다. 누구나 알다시피 성공엔 '운'과 '재능'이라는 요소가 포함되어 있고 나는 그 점이 상당 부분 중요하다고 생각한다.

누구나 김연아처럼 연습할 수 있지만 김연아가 될 수 없다. 사실은 공부도 마찬가지다. 우리나라에선 특히 공부에 관해서는 독서실에 엉덩이를 떼지 않고 오래 공부한 사람이 결국 승리한다고 노력의 영역을 강조하지만 사실은 공부 역시 재능의 영역이다. 같은 시간을 투자해도 누구는 더 빨리 외우고 정리하며 응용한다. 이렇듯 사실 '성공'이라는 개념은 내 의지와는 다른 애매모호한 것들과 상당 부분 연관되어 있다. 결과는 내가 통제할 수 없다. 수능 100점을 맞아야지 해서 100점이 맞아지는 것이 아니다.

우리는 하루에도 몇천 가지의 선택을 한다. 그 선택은 대부분 무의식적으로 이루어진다. 그렇기에 과거에 선택했던 행동을 그대로 하게 될 가능성이 크다. 명백한 사실은 현재 우리는 과거에 비슷한 선택을 반복해왔기 때문에 지금과 같은 결과가 나왔다는 것이다. 그리고 1년 뒤, 5년 뒤에도 비슷한 선택을 할 가능성이 크다. 이렇듯 사람은 잘 변하지 않는다.

하지만 여기서 우리가 '성장'을 하기로 마음을 먹었다고 쳐보자. 의식적으로 기존의 '선택'들과 다른 선택을 하게 된다면, 기존의 경험들과 다른 경험을 추구하게 된다면, 편안함의 영역에서 벗어나 불확실성에 노출되게 된다면 우리는 분명히 성장한다. 기존과 다른 방법으로 살기를 선택했기 때문에 다른 지금과 다른 결과가 나올 수밖에 없다.

성장은 많은 경험을 하는 것과 같은 의미이기도 하다. 고생을 사서 할 필요는 없다. 다만, **20대에 가져야 할 가장 큰 마음가짐은 다양한 경험을 하는 것이다. 그 경험은 발칙한 것일수록 좋다.** 나와 맞든 안 맞든 다양한 사람을 경험하면서 그 케이스를 넓혀보는 것. 좌절, 분노, 성장, 희열 등 다양한 감정들을 다양하게 느껴보면서 무뎌지는 것. 모든 시행착오가 성장과 관련이 있다. 그리고 시행착오는 본인의 그릇을 넓혀준다. 물론 그 과정에서 수많은 트라우마, 귀찮음, 두려움과 마주하게 될 것이다.

본인 스스로가 그러한 것들에 도망가지 않고 똑바로 설 수 있을 때 세상은 우리에게 역설적으로 **"세상은 오히려 무섭지 않아"**라고 말해준다. 나 역시 방에서 밖으로 나왔을 때, 사람이 무서웠다. 나를 욕할까 봐 무서웠다. 하지만 나를 좋아해주는 사람이 많다는 것을 알게 되었다. 그리고 긍정적인 에너지를 주는 그러한 사람들에만 신경 쓰면서 살게 되었다. 나의 사람들과 어울리고 내가 좋아하는 것들을 하면서 오히려 세상이 안전하다는 것을 느꼈다. 내 생각과 현실은 엄연히 다르다. 그 벽과 틀을 깨고 나와야 한다.

나는 제안하고 싶다. 여러분의 삶을 한번 되돌아보자. 당신은 '성장'하기 위해 지금 어떤 행동들을 하고 있는가? 혹시, 일주일 내내 같은 행동만 하고, 같은 사람만 만나고 있지는 않은가?

당신의 하루에서 한 가지씩의 파격적인 결정들을 해보자. 집에서 나가는 길에 경비아저씨에게 인사를 해보자. 버스기사님에게도 인사를 해보자. 사소한 것이어도 좋다. 매일매일 발칙한 그 무언가를 하나씩 해보는 거다. 딱 1년만 불편해보자. 불편함 속으로 들어가보는 것이다. 그러다 보면 분명히 당신은 성장해 있을 것이다. 감정적으로 훨씬 더 단단해졌을 것이고 스스로를 더욱 사랑하게 될 것이다. 일에 있어서도, 본인의 욕구에 있어서도 충실히 그걸 지켜나가는 습관을 만들어나갔을 것이다. 이게 내가 한 방식이다. 그렇게 당신도 성장해갈 수 있다. 이런 노력이 누적이 돼서 우리가 원하는 '성공'에 다가갈 것이라 믿어 의심치 않는다.

머리가 똑똑하면
성장하기 어려운 이유

평소에도 유튜브를 자주 본다. 특히 경제나 창업 관련 유튜브 채널 중에 〈신사임당〉이라는 채널을 자주 본다. 지금은 공중파 방송에도 출연할 정도로 대단히 유명하신 분이지만 거의 초창기부터 봐왔던 팬이었던 나에게 아직도 기억이 나는 내용이 있다.

정확히 어떤 영상인지 기억이 나지는 않지만 다음과 같은 말을 했다.

"머리가 똑똑하면 오히려 성장에 방해가 된다."

그 당시에는 이게 무슨 말인지 정확히 이해하지 못했지만 어렴풋이는 짐작했다. 생각이 많아지면 오히려 행동에 저해가 된다는 개념으로 이해했었다. 지식의 저주라는 말이 있다. 머리에 너무 많은 정보가 있을수록, 더 많이 알면 알수록 더 완벽함을 추구하기 때문에 정작 '행동'은 하지 않는다는 말이다.

2020년은 정말 나에게는 '생존'을 위한 한 해였다. 2019년 회사를 퇴사를 했고 3개월간은 1원도 벌지 못했다. 당장 무언가 해야 된다는 절박함에 단기알바부터 시작했다. 31살에 뛰어든 아르바이트 시장은 취업시장만큼 벽이 높았다. 생각할 시간이 없었다. '경제력 상실'은 정말 나를 강하게 압박해왔다. 행동, 행동, 오직 행동. 이렇게 2019년과 2020년을 살았다. 이 글을 쓰는 오늘이 2020년 8월이라는 것이 믿을 수 없을 만큼 2020년은 정말 빠르게 흘렀다. 부끄럽지만 내 32년 인생에서 가장 열심히 살았다고 자부한다.

좋은 지인을 만나서 저렴하게 사무실을 구했다. 아침 10시에 출근해서 저녁 11시에 퇴근했다. 토요일, 일요일은 더 바빴다. 내가 할 수 있는 일은 닥치는 대로 했다. 2020년에도 1월과 2월에는 단기알바도 했다. 하늘도 노력을 알아준 것일까? 성과들이 나오기 시작했다.

- 유튜브는 한 달 만에 4,000명을 모았고 현재 구독자 약 10,000명이 되었다.

- 고정적이진 않지만 회사를 다닐 때보다 더 많이 번다.

- 내 이름으로 된 모임(라이프빌드업)을 런칭했으며 순조롭게 자리 잡고 있다.

- 지금 여러분이 읽고 있는 책이 출간되었다.

- 오프라인 강의를 넘어서 온라인 강의까지 열게 되었다.

- 누군가를 도와줄 수 있는 입장이 되었다(심리적으로, 금전적으로).

- 아주 가끔 누군가가 알아본다(성과 맞나?).

파이가 커지면서 그에 상응하는 것도 많아졌다.

우선 악플이 달린다. 누군가에게는 내가 하는 일이 아니꼬울 수도 있다고 생각하지만 처음엔 당황했다. 나는 누군가에게 열등감을 일으킬 정도의 존재가 절대 아닌데 하며 맞대응도 하려 했다. 하지만 나를 싫어하는 사람이 있으면 당연히 그에 상응하게 좋아하는 사람도 있겠지라는 생각으로 흘려 넘겼다. 다양한 반응들이 오자 흥분도 됐지만 알게 모르게 이러한 반응에 겁을 먹고 있었다. 더 중요한 사실은 내 행동에 변화가 일어나기 시작했다는 것이다.

겁이 많아졌고 생각이 많아졌다. 그중에서도 부정적인 생각이 많아졌다. 그로 인해 '행동력'이 감소하기 시작했다. 유튜브를 찍었다 지우는 일이 많아졌다. 내 장점만 보여줘야 할 것 같은 압박감을 느꼈다. 블로그 글 역시 편하게 올리지 못했다. '누군가의 기대치를 충족시켜주지 못하면 어떻게 하지'라는 생각들이 올라왔다.

하지만 명백하게 나는 '평범한 사람'이다. 이 책을 보는 사람이라면 '아니 너는 뭣도 아닌데 무슨 그런 걱정을 하냐?'고 느낄 수 있을 정도로 외부로 드러나는 인물도 아니며, 내가 가진 장점만큼 단점도 많은 아주 평범한 사람이다. 그나마 장점이 있다면 '실행력'이었다. 절실했기에 다양하게 시도하는 걸 좋아했다. 그랬던 내가 가장 중요한 내 '장점' 하나를 잃어버리려 했다. 나는 너무 많이 알아버렸기에 더 큰 욕심 때문에 오히려 '행동'하지 못하는 상황이 온 것이다. 지식의 저주. 그러한 상황이 나에게 찾아왔다.

성취와 성과라는 것을 생각해보면 대부분 '불편한 영역'에 있다. 하기 싫은 것이 대부분이고 많은 시간이 투여되어야 하고 당연히 적을 만들 수밖에 없으며 두려움을 동반한다. 이는 당연한 사실이다. 내가 가장 편한 곳에서 쉽게 돈이나 벌자라고 생각하는 건 말 그대로 도둑놈 심보다. 그런데 내가 그 도둑놈 심보 짓을 하려고 하다니. 소름이 돋았다.

생각을 바꾸기로 했다. 내 인생의 법칙이 하나 있다. 2.6.2법칙이다. 세상 사람들은 내가 어떻게 살든 2명은 나를 좋아하고 6명은 관심이 없으며 2명은 나를 싫어한다. 나를 좋아해주는 2명을 위해서, 그리고 나에게 관심이 없는 6명 중 또 일부를 위해서 나는 여전히 행동해야 하는 놈이다.

똑똑하지 않은 이가 똑똑한 척을 하려고 했다는 반성을 했다. 아직도 갈 길이 멀다. 내가 할 수 있는 걸 정면으로 응시하고 마음이 맞는 사람들과 가치를 나눌 수 있는 사람이 되고 싶다. 솔직히 나 역시도 평범한 사람이며 겁도 있고 단점도 있지만 그걸 이겨내기 위해 매일매일 안간힘을 쓰고 있다. 이 글을 보시는 분이 "이런 놈도 열심히 하니까 나도 열심히 해야지"라는 생각을 가져가면 좋겠다. 그리고 나에게 스스로 한 마디만 더하고 싶다.

'원준아 너는 누군가에게 너를 증명할 필요는 없다. 지금 충분히 잘하고 있으니까.'

롤렉스 시계를 1주일 만에
잃어버리고 기분 좋은 이유

지금은 절판된 책《지금 당장 롤렉스 시계를 사라》라는 책이 있다. 인터넷 거래로 보면 지금은 10만 원 정도에 거래되는 걸 보니, 상당히 가치가 있는 책임에는 틀림없다. 마치 내가 가장 좋아하는 가수 빈지노가 속한 Jazzfact의 1집처럼. 나는 과거에 운 좋게 이 책을 읽을 수 있었다. 이 책의 핵심을 나의 경험, 생각들을 통해 정리한 것을 바탕으로 왜 당신이 지금 당장 롤렉스 시계를 사야 하는지 명확하게 알려주도록 하겠다. 이 글을 읽으면 책을 읽을 필요가 없으니 당신은 10만 원을 번 셈이다.

나는 아주 지독한 짠돌이였다. 그 기원을 보려면 '우리 가족'을 먼저 들여다봐야 한다. 우리 가족은 롤렉스 시계랑은 전혀 어울리지 않은 집안이었다. 나의 존경하는 아버지는 해남 땅끝 마을 출신이다.

아버지의 어린 시절은 매우 가난했다. 우리 아버지는 집안이 가난했기 때문에 대학교를 갈 수 없었다. 우리 아버지의 큰형님(큰아버지)는 아버지의 고등학교를 위해 월남전까지 참전하셨다. 그런 아버지가 20살이 넘어서 서울에 올라오게 되었다.

우리 아버지는 내가 존경하는 어머님을 만나서, 나를 낳으시고 서울에 터전을 마련하셨다. 진심으로 두 분을 존경한다. 내가 당시에 아버지였더라면 절대 이렇게까지 희생할 수 없었을 것이다. 아버지는 과거 자신이 겪으셨던 가난을 다시는 겪고 싶지 않으셨고 자식에게 그 가난을 경험하게 하고 싶지 않으셨다. 그래서 어렸을 때부터 우리 가족의 가장 큰 이슈는 '절약', 그리고 '돈'이었다. 어렸을 때부터 항상 아껴 쓰고 쓸데없는 데 돈 쓰지 말라는 이야기를 지속적으로 듣고 살았다. 그러다 보니 어머니와 아버지는 '돈' 문제로 자주 다투셨다.

이 문제로 부모님을 절대 원망하지 않는다. 오히려 더 많은 걸 해드리고 싶다. 하지만 어린 시절의 나는 부모님의 이러한 '무의식'을 그대로 물려받았다. 나는 성장하면서 많은 친구들을 사귀었지만 그만큼 많이 잃었다. 바로 '돈' 때문이다. 나는 써야 할 때 쓰지 않았다. 어떻게 하면 아낄 수 있을까, 어떻게 하면 얻어먹을 수 있을까와 같은 가난한 마인드가 나를 지배했다. 명백히 내 잘못이지만, 당시에는 내가 잘못하고 있는 것조차 몰랐다. 내 무의식은 그렇게 작용했다.

시간이 흘러 20살이 되었다. 알바를 했고 군대를 다녀왔으며 취직을 했다. 일정 수준의 월급을 벌었다. 돈을 써야 할 자리들이 많아졌다. 내 안에서 2가지의 다른 생각이 충돌을 하고 있었다. '과거

처럼 그대로 아끼면서 살 것인가?' 아니면 '돈을 쓰되 어떻게 '효율적'으로 사용할 것인가?'

결론부터 이야기하자면 당시의 나에게는 둘 다 틀렸다. 그것도 명백하게 틀렸다. 도대체 어떻게 써야 효율적이란 말인가? 나에게 있어서 과거처럼 그대로 사는 것, 그리고 효율적으로 돈을 쓰는 것, 모두 다 '가난한 마인드'와 크게 다르지 않았다. 어떻게든 적게 쓰는 것이 밑바탕에 깔려 있기 때문이다. 어떤 경우에도 써야 될 자리에서 아껴야 된다는 기본 전제만 있을 뿐이었다.

내가 미슐랭 1스타를 처음 갔던 적이 있었다. 2인 12만 원 정도 되는 비용이 들었는데 그때 당시의 나에게는 상당히 부담스러운 곳이었다. 앉자마자 본전에 대한 생각이 떠올랐다. 과연 '얼마나 맛있을까?' 그리고 이어서 나에게 자리를 안내해주고 의자를 빼주고 지극 정성으로 나를 대해주는 광경이 낯설었다. 나와 잘 맞지 않는 곳에 온 것 같았다. 그렇게 1시간 30분 동안 식사를 했다. 그런데 정말 맛있었다. 그러자 불현듯 다음과 같은 생각이 떠올랐다.

'왜 내 돈을 내고 이러한 대접을 받는 것에 익숙하지 않을까?'

'12만 원의 돈을 이렇게 벌벌거리는 나는 도대체 그릇이 얼마나 작은가?'

내 인생은 항상 가성비를 따졌기 때문에 나는 딱 그 수준의 대우만 바라게 되었다. 내 작은 그릇으로 인해 내 주위에는 나와 비슷한 사람들이 모였다. 12만 원이 비싼 것은 맞다. 하지만 12만 원이 없다고 인생이 망하진 않는다. 12만 원짜리 한 끼 식사로 그때 제대로 내 그릇의 크기, 그리고 내 좁은 아량에 대해서 인식할 수 있었다.

이런 글을 쓰는 이유는 내 과거에 대해서 후회하기 때문이다. 그리고 이 글을 보는 사람들이 나처럼 살지 않기를 바라는 마음이다. 《지금 당장 롤렉스 시계를 사라》와 관련지어 말한다면 절대 과소비를 하라는 것이 아니다. 다만, 당신이 항상 손해 볼 것을 두려워하고 '효율성'을 생각하며 인색하게 군다면, 당신의 그릇 또한 그와 같을 것이고 당신 주변에는 정확히 비슷한 수준의 사람들만 모인다는 것이다. 스스로에게 투자한다는 것은 공부가 될 수도 있고 배움이 될 수도 있다. 하지만 더 중요한 것은 '스스로를 그러한 가치를 대접받을 사람으로 대우해주는 것'이다.

나는 롤렉스 시계를 사고 싶다. 외제차도 타고 싶다. 돈도 많이 벌고 싶다. '사치'를 위해서가 아니라, 나는 그러한 가치를 충분히 누릴 만한 사람이라고 스스로 생각하기 때문이다. 그리고 그러한 사람이 되기 위해 지금도 노력하고 있다. 인생의 효율성은 잊어버렸다. 무언가를 배우기 위해서, 맛있는 것을 먹기 위해서, 존경하는 사람을 위해서 그에 합당한 가치를 주려고 노력한다. 오히려 손해 보는 쪽이 좋다.

《지금 당장 롤렉스 시계를 사라》를 보고 100만 원대의 시계를 샀다. 재미있는 건 일주일 만에 잃어버렸다는 것이다. 솔직히 며칠 동안 스스로에게 너무 화가 났다. 하지만 생각을 달리 해보기로 했다. 하늘이 내게 더 큰 걸 살 기회를 주는 거라는 생각이 들었다. 나는 한번에 100만 원을 질렀기에 100만 원의 경험을 한 것이다. 이는 내가 과거에 해보지 못한 경험이었다.

그리고 이러한 경험은 내 그릇을 더 넓혀줄 것이라고 확신한다. 다시 한 번 말하지만 과소비하라는 것이 아니다. 당신의 규모 안에서 당신에게, 또는 타인에게 인색하게 굴지 말라는 이야기이다.

자신이 호혜를 입었으면 그에 합당한 것을 제공하라.
누군가에게 가치를 주었으면 그에 합당한 가치를 요구하라.

당신의 주변사람에게 인색하지 마라. 나는 100만 원대 시계를 일주일 만에 잃어버렸지만 인생이 망할 뻔한 위기는 찾아오지 않았다. 물론 일주일간 스스로에게 화는 났다. 하지만 '가난한 마인드'로 살면 그런 사람들만 주변에 많다. 따라서 이러한 마인드에 빠져 있다는 것은 스스로 인식하기조차 쉽지 않다. 그렇기에 변할 가능성은 더욱 적다. 마인드를 바꾸지 않으면 삶은 절대 크게 나아지지 않는다. 마인드와 그릇이 작으면 딱 그 정도의 '기회'밖에 오지 않는다. 그렇게 '돈'을 원하지만 자기 스스로 돈의 흐름을 막고 있는 것을 보면 안타깝다는 생각이 든다.

모든 사람은 변할 수 있다. 나는 진심으로 그렇게 믿는다. 하지만 '변화'라는 것은 2가지의 알을 깨는 과정이 필요하다. 첫 번째는 당연히 내가 가장 강조하는 '행동'의 알을 깨는 것이고, 2번째는 '인식'의 틀을 부수는 것이다. 당신이 인식하고 있는 세상이라는 것은 정말 아주 작은 단편에 불과하다.

우리에게 이미 큰 기회가 지나갔을 수도 있다. 그리고 앞으로 다가오고 있는 '기회'를 작은 틀로 바라볼 준비를 하고 있을 수도 있다. 나 역시 너무 많이 부족하다. 과거의 틀을 깨는 것을 넘어서서 단기적 손실보다는 '장기적 이익'을 선택하는 연습들을 매일 하고 있다. 인생은 선택의 연속이다. 그 선택에서 매번 조금 더 나은 선택을 하는 것. 그러다 보면 내가 원하는 미래가 열릴 확률이 조금씩 올라갈 것이라 믿어 의심치 않는다.

내가 굳이 내 과거 이야기를 서슴없이 이야기한 것은 나라는 놈은 정말 찌질한 놈이었다는 것과 동시에 '인식'의 전환이 분명히 일어날 수 있다고 말하고 싶었다.

지금 당장 롤렉스 시계를 사라. 아니 사지 못해도 좋다. 다만, 스스로를 절대 낮게 보지 마라. 우리는 가치가 있는 사람이고 그에 합당한 대우를 받을 자격이 있는 사람들이다. 1달에 1번 정도는 자기 스스로를 위해 꼭 보상을 해줘라. 그리고 더 중요한 것은 남에게 인색하지 마라. 인생은 가성비가 아니다. 낭비하지 않되, 주변 사람들에게 받은 것에 대해 제대로 돌려주려고 노력하라. 당신의 인색함은 당신 주변 사람들 모두 알고 있다. 그렇게 한 명씩 떠나가게 될 것이다. 과거의 나 같은 우를 범하지 않기를 바란다(사실은 스스로에게 가장 먼저 이야기 해주고 싶다).

인생의 밑바닥이었던 22살
'나'에게 쓰는 편지

나에겐 가까이 지내는 22살의 친구가 있다. 나와는 10살 차이가 나는 이 친구는 내 코칭 수강생이다. 이 친구를 보면 과거의 내가 떠오른다. 학창시절에 힘들었던 모습들, 외모 콤플렉스, 스스로에게 가질 수 없는 확신, 사회성 부족 등. 천천히 성장하고 있지만 냉정하게 말해서 아직은 갈 길이 멀다. 우리 둘은 자주 이야기를 나눈다. 이야기를 나누면 나눌수록 이 친구가 대견스럽다. 대부분의 사람이 마찬가지겠지만 22살의 나이에 인생의 방향성과 어떻게 삶을 임해야 할 것인가에 대한 생각들을 가질 확률이 얼마나 될까?

정말로 내 22살은 피해의식이 극에 달하던 시기였다. 힘든 군대 생활 그리고 대학교 1학년 때 받은 0.87의 학점을 보면서 느꼈던 좌절감, 컴퓨터과학과라는 전공에 대한 회의감, 30살까지 연애를 못할 것 같은 공포들. 정말 이 친구와 비슷했다. 10년이 지난 지금, 이 친구를 보면서 그때 당시의 내가 떠올랐다. 그리고 그때의 나에게, 지금의 이 친구에게 해주고 싶은 말을 편지 형식으로 작성해보왔다.

안녕. 22살의 원준아.

네가 10년이 지난 지금 이렇게 글을 쓰고 있을지는 상상을 못했겠지. 회사를 퇴사했다면 믿을 수 있겠니? 항상 수동적이었던 네가 성장해서 이렇게 위험을 감수할 수 있는 용기를 가지게 됐단다(뿌듯뿌듯). 그건 그렇고 말이지, 지금부터는 조금 진지한 이야기를 해볼 생각이야. 집중해서 이야기를 들어주렴.

네가 항상 생각했던 것들이 있었지. 아직 너는 어리지만 너의 이후 5년이 어땠는지 말해주고 싶어. 정확히 너는 27살까지 22살의 너와 크게 다를 게 없었단다. 오히려 행동하지 않는 스스로에 대한 불만만 늘어나게 되었어. 내가 너에게 이런 이야기를 하는 이유는 "어리다는 건 핑계가 될 수 없다"라는 것 때문이야. 만약 네가 그때 행복했다면, 아니 더 나아가서 불안감, 두려움, 좌절, 실망감 같은 감정을 느끼지 않았다면 나는 너에게 이런 이야기를 하지 않았을 거야.

시간이 흐르면 어떻게 되겠지, 언젠가는 해결되겠지 이런 생각으로는 절대 아무것도 해결되지 않아. 세상에 저절로 풀리는 일은 없단다. 네가 27살에 그런 모습이 되어 있을지 전혀 몰랐던 것처럼, 다른 사람들도 너와 마찬가지로 생각해. '언젠가 알아서 풀리겠지. 대충되겠지.'

중학교 다니던 때 너를 기억하니? 너는 공부를 안 하면서도 머릿속에서는 '그래도 어떻게 공부하면 좋은 대학교는 가겠지'라는 망상 아닌 망상을 가졌지만 정작 결과는 재수까지 해서 겨우 인 서울을 할 수 있었어. 세상은 절대 그냥 흘러가지 않아. 그냥 흘러간다는 것은 오히려 퇴보한다는 것을 의미한단다. 그건 나이와는 상관없어. 지금 네가 '불만족'을 느끼는 것, 그것을 가장 빠른 시기에 해결하지 않으면 너는 1년이 지나도 2년이 지나도 아니 5년이 지나도 아마 그 모습 그대로일 거야.

물론 행동하는 건 어렵단다. 하지만 세상엔 너와 비슷한 고민, 비슷한 생각들을 가진 사람들이 많아. 그런 사람들을 찾아. 그리고 그들에게 배워. 그들 무리에서 벗어나려고 하지 마. 그렇게 존버(꾸준히 될 때까지 물고 늘어지면 성공한다는 뜻) 하다 보면 정말 분명 네가 생각하는 순간이 다가올 거야. '과거로 돌아가고 싶지 않다. 지금이 너무 좋다'와 같은 생각들.

세상은 불공평하지만 또한 공평하단다. 너에게 짧은 기간 안에 성과를 주지 않아. 절대 남들이 순식간에 이뤄냈다고 하는 스토리에 반응하지 마. 상대적 박탈감도 느끼지 마. 왜냐하면 그들 또한 존버의 시간이 있었기 때문에 그렇게 됐을 거거든. 지금 내 이야기를 해줄까? 나는 여전히 성장 중이야. 사람들은 대외적으로 이뤄낸 것만 바라본단다.

하지만 정작 내가 하루에 10시간씩 주 7일 일하는 건 크게 관심이 없어. 나도 도망가고 싶은 순간에 바짓가랑이 잡고 버티고 있어. 그랬더니 '기회'들이 오더라. 좋은 사람들이 오더라고. 그리고 정말 무엇이 중요한지도 알겠더라고.

이 편지를 지금까지 보고 있다면 너는 둘 중에 하나를 생각하겠지? 내가 꼰대라고 느끼거나 아니면 너 역시 변해야겠다는 마음. 후자가 되길 바라. 지금의 너는 너의 과거 순간들의 합이거든. 옳은 선택들을 못 내렸기에 지금의 불만족을 느끼는 것이겠지? 그걸 받아들여야 돼. Zero 베이스라고 생각하는 거야. 더 이상 밑으로 갈 것도 없는 그런 상태. 여기서부터 시작하는 거야. 기존의 너의 생각들. 과거의 생각들, 트라우마들. 하나하나씩 깨는 거야. '두려움' 속으로 가보는 거야. 혼자가 힘들지? 그니까 너랑 같은 동료를 꼭 찾아. 그리고 그들과 같이 가는 거야.

　내가 위로를 하려고 편지를 썼는데 너도 네 성격 알지? 그런 성격 못되는 거. 하지만 명백하게 너는 할 수 있어. 그리고 해냈고. 그걸 누구보다 앞당길 수 있고. '지금' '지금'이야. 너를 보여줘. 나중에 다시 편지할게. 안녕.

　편지를 다 쓰고 나니 과거의 '내'가 안쓰럽기도 하고 대견스러웠다. 지금까지 힘들게 잘 버텨주었다는 게 스스로 고마웠다. 나이가 많고 적고는 중요하지 않다. 다만, 지금 내가 '불만족'하고 있는 것을 계속 방치한다면, 그건 계속 문제로 나에게 자리 잡을 것이다. 지금 즉시 해결하라.

Chapter **2**

당신은 틀렸다
- 마인드 세팅

100가지 아르바이트로 잡은
돈과 경험

이 책을 읽는 독자는 아마 대부분 20대와 30대일 것이다. 아마 대부분은 나와 마찬가지로 20살 이후로부터 스스로 돈을 벌어본 경험을 했을 것이다. "젊어서 고생은 사서 한다"는 말을 어른들은 항상 하신다. 하지만 그것을 지금 우리 삶에 적용하자는 건 무리가 있다. 왜냐하면 아르바이트를 하는 가장 큰 목적은 '경험'보다는 '돈'이기 때문이다.

당장 내가 하고 싶은 것을 하기 위해서는 돈이 필요하고 그렇기 때문에 아르바이트를 하는 것인데 '경험을 익혀라!'라는 마인드는 당연히 우리의 원래 목적과 다른 이야기이므로 '성취동기'가 떨어질 수밖에 없다. 하지만 정말 많은 아르바이트를 하면서 내가 느낀 점은 어른들이 말한 것처럼 '돈만큼 경험도 중요하다'는 것이다. 그것이 왜 중요한지 지금부터 이야기해보도록 하겠다.

예를 하나 들어보겠다. 당신이 수능을 위해 국어, 영어, 수학 공부를 했다면 당신이 어느 부분에 강점이 있는지 스스로 알게 된다.

수포자 유형, 언어는 해도 점수가 안 느는 유형 등. 이렇게 스스로를 파악한 후에야 자신이 강한 부분을 바탕으로 대입전략을 짤 수 있게 된다. 나의 예를 들어보면, 나는 언어는 해도 점수가 안 늘었다. 수학도 마찬가지였지만 언어보다는 괜찮았다. 외국어는 그나마 자신이 있었다. 이렇게 어느 정도 파악이 되자 수학＋영어와 사회탐구 영역을 합친 영역으로 대학교를 도전하게 되었다. 수능 성적은 별로였지만 그래도 그 수준에서 할 수 있는 방법을 고안할 수 있었던 것이다.

아르바이트 역시 마찬가지다. 내가 처음 했던 아르바이트는 수습으로 시간당 3,200원을 받는 편의점 아르바이트였다. 처음엔 기분 좋게 시작했지만 아무리 생각해도 3,200원은 너무하다는 생각이 들었다. '어떻게 시급을 높일 수 있을까?'고민을 하다가 택배 아르바이트를 하게 되었다. 정확히 2일 하고 허리통증으로 출근을 못하는 상황이 왔다. '몸을 너무 고되게 하는 일은 하지 말자'고 생각했다.

그 후 단기알바라는 것이 눈에 들어왔다. 보통의 아르바이트는 최소 1개월 이상의 고정적인 시간을 필요로 하는데 단기알바는 짧게는 1일, 길게는 1주일을 일하는 것을 말한다. 나는 단기알바를 조사하면서 우리나라에는 정말 많은 행사가 있고 인력이 필요하다는 것을 알게 되었다. 콘서트 아르바이트, 기업 행사 아르바이트, 세미나 아르바이트 등 내가 기존에 몰랐던 것들을 알게 되었다. 재미있는 것은 시급 또한 괜찮았다는 것이다.

수습으로 시간당 3,200원에서 시급 7,000원으로 수직상승!

아르바이트를 통해 다양한 사람들과 소통하면서 나는 스스로가 어떤 사람인지 알 수 있었다. 혼자 조용히 일하는 것보다 다른 사람들과 같이 일을 했을 때 일의 능률도 높았고 재미도 있었다. 이를 통해 나는 영업직이라는 내 희망 직무를 선택할 수 있었다. 나는 100가지 이상의 아르바이트 경험이 있지만 장기적으로 일하는 아르바이트 경험은 적었다. 단기 아르바이트가 대부분이었다. 결국 나는 한곳에 묶여서 일하는 것보다 자유롭게 일하기를 좋아한다는 것을 알 수 있었다. 이는 내가 회사를 퇴사하고 1인 사업가로 일해야겠다는 생각을 가지게 하는 중요한 경험들이었다.

아르바이트를 하면서 돈과 재미를 동시에 잡으려고 노력했다. '재미'를 찾다 보니 좀 더 다양하게 아르바이트를 알아보게 되고 다양한 아르바이트를 하게 되었다. 그러다 보니 자연스럽게 다양한 경험들을 하게 되었다. 그리고 그 경험들은 내가 그 이후에 미래를 대비하고 움직이는 데 정말 큰 도움이 되었다. 아르바이트는 시급 노동자이다. 우리는 돈을 안 받고 일할 수 없다. 내가 다시 대학생으로 돌아가도 그럴 생각은 없다. 하지만 우리는 그 과정에서 자신이 찾을 수 있는 좋은 경험을 찾아야 한다. 만약 당신이 빵집 아르바이트를 한다면, 빵을 사는 손님에게 음료를 추가로 제안해봄으로써 "끼워 팔기"의 중요성에 대해서 익힐 수 있는 계기가 된다. 가격이 비싼 제품이 지속적으로 나가는 것을 보면서 브랜드의 가치는 어떻게 키워야 되는가에 대한 인사이트를 얻어갈 수도 있다.

솔직히 나도 아르바이트를 하면서 시간을 때우는 경우도 있었다. 하지만 그런 경우에는 그 아르바이트 기간을 절대 길게 가져가지 않았다. 나는 시급과 경험 두 가지 모두를 포기하지 않았다. 당신이 만약 지금 아르바이트생이라면 지금 하는 일에서 의미를 찾아라. 만약 의미를 찾지 못하겠다면 다른 선택을 해도 괜찮다. 세상엔 수많은 아르바이트 자리가 있다. 인생이라는 긴 기간을 볼 때 지금 당신의 아르바이트 경험이 단순한 '시간 때우기'로 남기에는 너무 아쉽다.

그 이후를 준비하는 연습기간으로 생각하도록 하라. 그리고 절대 돈과 경험 둘 다 포기하지 마라.

당신의 첫 스승인
결핍

나는 어렸을 땐 축구를 정말 좋아했다. 초등학교 때는 축구부에서 입단제의가 오기도 했고, 중학교 때는 별명이 '지단'이었다. 안타깝게도 지단과 비슷하게 머리숱도 없지만… 흑흑.

문득 왜 내가 초등학교 때 축구를 열심히 했는지를 생각해보았다. 나는 외동아들이다. 아버지는 동네에서 철물가게를 하셨다. 어머니는 자신의 삶을 포기하고 매번 아버지 가게에 나가서 같이 일을 봐주었다. 참고로 우리 어머니는 나와는 다르게 정말 미인이신데, 사실 그때부터 어머니는 여자로서의 삶을 많이 포기하신 것 같아서 참 아쉽다.

집안 사정 때문에 혼자 있는 날이 많았다. 엄하신 아버지와 바쁜 어머니를 통해 사랑을 주는 방법을 보지 못했고 사랑을 받는 법도 배우지 못했다. 그렇게 스스로 사랑에 대한 결핍이 있었다. 사랑은 아니었지만 그 결핍을 채워주는 것이 당시에 나한텐 축구였다. 적어도 나한텐 축구라는 것이 '내가 좋아하는 것'만은 확실했다. 하지만 중학교 때 매일 같이 볼을 찼던 친구들을 떠나, 나 홀로 고등학교에 가서 친구들과 멀리 떨어질 때, 나는 축구와 멀어졌다.

내 마음속 깊은 곳엔 '사랑'에 대한 결핍이 남아 있었다. 때는 바야흐로 2008년. 내가 고등학교 3학년이었는데 한창 가수 원더걸스의 〈Tell Me〉라는 노래가 열풍이었다. 지금도 회자될 정도의 광풍이었다. 그때 난 누군가에게 처음으로 설레는 감정을 느낀 것 같다. 매일 매일 그녀들을 TV에서 보고 있으면 기분이 좋았다. 그렇게 고3, 대학교 1학년을 원더걸스, 소녀시대와 함께 보냈다. 그녀들을 뒤로 한 채 나는 군대에 들어가게 됐다.

야간 초소 경비병을 섰을 때 문득 이런 생각이 들었다. '지금 나한텐 원더걸스 소녀시대도 없는데 내가 정말 누군가를 좋아할 수 있을까?' '누군가에게 사랑을 받을 수 있을까? 아니, 누군가를 사귈 수 있을까?' 어린 시절 사랑에 대한 결핍은 여전히 내 옆에 있었다. 그렇게 군대를 전역했다.

꿈에 그리던 자유를 얻었지만 24살의 나에게 자유는 다스리기엔 너무 큰 존재였다(사실은 지금도 온전한 자유가 주어졌을 때 오히려 더 어려워하곤 한다). 다만, 그동안 억누르고 억누르던 사랑에 대한 결핍은 폭발하고 말았다.

'더 이상 이렇게 살 수 없어'라는 결심으로 여자가 있는 곳이라면 어디든 갔다. 책을 빌미로 남녀가 적당히 섞여 있는 독서토론 동호회를 만들었다. 친구들에게 소개팅을 시켜달라고 졸랐다. 미팅 자리에 나가서 친구와 한 여자를 두고 말다툼도 했다. 참 순수

했던 그때는, 내 안의 결핍은 폭발했지만 그걸 어떻게 다스려야 할지 몰랐다. 다만 머릿속엔 지금 상태론 만족할 수 없다는 생각뿐이었다. 그렇게 '결핍'으로 지금까지 왔다. 인생이 참 재밌다고 느낀다. 연애에 '연'도 모르는 사람이 지금 누군가에 연애가 잘되길 기원해주는 사람이 되다니. 오히려 내가 정말 아무것도 몰랐던 사람이기에 지금 어려워하는 사람들의 마음을 다른 사람보다 잘 이해할 수 있었다. 나와 비슷한 사람들을 보면 컨설팅을 하다가도 울컥한다.

지금 나의 모습과 그때의 나의 모습은 외적으로나 사람을 대하는 면에서는 크게 변했을지 모르지만 사실 그 속을 깊숙이 보면 크게 달라진 게 없다. 나는 강한 '결핍'을 동기 삼아 지속적으로 행동했을 뿐이고 그 과정에서 조금 더 발전하고 익숙해졌을 뿐이다. 문득 작년부터 이런 생각이 들었다.

"결핍은 지속적인 결핍 충족 상태를 갈망한다."

여자뿐만 아니라 돈과 성공에 대한 욕심도 많았다. 어렸을 때부터 우리 집은 '돈'에 민감했다. 부모님은 돈 때문에 자주 다투셨다. 내 무의식 속엔 돈에 대한 결핍이 그때부터 생겼던 것 같다. 내가 성취 지향적이고 목표 지향적인 건 이때의 결핍도 한몫했다고 생각한다.

'결핍'은 내가 행동하게 하는 강한 동기로 작용한다. 이것은 나뿐만 아니라 다른 모든 사람도 마찬가지일 것이다. 하지만 지속적인 결핍상태로 인한 행동, 그리고 그 결과가 행복하냐고 나에게 질문한다면 그렇다고 말할 수 없었다. '끝이 없는 욕망의 추구'라는 생각이 들었다. 목표를 위해 달리고 번 아웃하고. 다시 달리고. 만족은 없고. '과정'은 없고 오로지 '결과'만 생각하는 날들의 반복이었다. 다시 생각해보니 불행했다. 힘들고 지쳤다.

그때, 정말 운이 좋게도 '명상'이라는 것을 만났다. 처음엔 정말 지루했다. '호흡에 모든 걸 집중하라니. 이게 무슨 시간낭비람?' 이런 생각이 들었다. 그래도 그냥 했다. 팀 페리스의 《타이탄의 도구들》이라는 책에서 성공한 사람은 대부분 명상을 한다고 했기에 그냥 했다. 사실 명상의 시작 역시도 성공에 대한 결핍에서 시작한 것이었다. 성공하는 데 유리하겠다는 생각에 시작하게 되었다. 처음엔 여간 어색했다. 집중도 안 됐고 머릿속에는 계속 다른 생각만 들었다. 하루 이틀 하다 보니 일주일, 한 달이 지났다.

삶이 드라마틱하게 변하진 않았지만 짜증내는 횟수가 줄었다. 스스로를 비난하는 횟수가 줄었다. 100% '결과' 중심적 사고에서 단 3%라도 '과정'이 보이기 시작했다. 감사함이 늘었다. 누군가의 잘못을 용서하기 시작했다. 그렇게 미웠던 중학교, 고등학교 때 나를 괴롭히던 친구들을 용서하게 됐다. 이해되지 않았던 부모님의 마음을 조금씩 이해하게 되었다. 사실 부모님은 누구보다 가족이 잘되길 바라시는 분들이다. 돈에 대한 강한 열망도 그 표현의 방식이었을 뿐이다. 그렇게 나는 지금도, 어제 저녁에도 명상을 했다.

이를 통해서 2가지를 말하고 싶다.

첫 번째는 당연히 명상의 중요성이다. 나는 종교가 없다. 종교적으로 접근하자는 것이 아니다. 만약 당신이 힘들다면, 술을 먹는 대신 명상을 해봐라. 자신의 슬프고 숨기고 싶은 감정과 직면하게 될 것이고 그것을 이해할 수 있게 된다. 하지만 더 중요한 것이 있다.

"당신의 첫 스승은 결핍일 수 있다. 하지만 그것이 계속 스승이 되게 놔두어선 안 된다는 것이다." 나처럼 결핍에 의해서 행동하게 되는 사람이 아마 대부분일 것이다. 하지만 어느 시점에서는 그 결핍을 놓아줘야 한다. 우린 누구나 좌절할 수도 있고 실패할수도 있고 무너질 수도 있다. 그게 자의일 수도 있지만 타의일 수도있다.

특히나 우리가 성인이 되기 전까진 타인의 영향력이 절대적이다. 다시 말하자면, 본인의 가치관, 본인의 열등감, 본인의 결핍이 온전히 자신의 잘못은 아니라는 이야기이다. 우리는 성인이 되고나서부터는 '자신의 판'을 새로 짤 수 있다. 아니 짜야 한다. 우리는 죄책감과 결핍의 영역에서 벗어나야 한다. 여러분은 스스로를 어떻게 바라보는가에 대해서 물어보고 싶다. 나는 진정한 나의 편인가? 본인이 실수했을 때, 잘못 했을 때 스스로를 어떻게 바라보는가? 세상 모든 사람들이 자기를 떠나도 내가 나의 편이 되어줄 수있는가? 나는 스스로 대화도 자주 하는 편이다. 스스로 안아주기도한다. 누가 보면 부끄러운 짓이라고 말할 수도 있지만 나에게는 정말로 중요한 작업이다. 나는 매일매일 나를 아껴주기 위해 노력한다. 옛날에는 결핍만 많은 아이였기에 2배로 노력한다.

누군가 나에게 지금은 행복하냐고 묻는다면, 대체로 그렇다고 말하고 싶다. 무엇보다 명확한 건 과거처럼 살진 않는다는 것이다. 주변사람을 챙기는 눈이 생겼고 좋지 않은 결과에 대한 트라우마와 아픔에 대해서 빨리 벗어나려고 노력한다. **'더 나은 행복을 찾아가는 과정'**이라고 스스로 칭하고 싶다. 내가 과거에 겪었던 트라우마 그리고 결핍들에게 감사한다.

성장을 방해하는 사회에
맞서 선택하자

우리 모두는 분명히 어린 시절 '꿈'이라는 것이 있었다. 그 꿈은 왜 내가 지금 정확히 기억하지도 못할 정도로 꽁꽁 숨어버렸을까? 정말로 내 과거의 꿈이 무엇인지 기억이 나지 않는다. 왜 그런 것일까?

결론부터 말하면 당신의 꿈은 '당신의 환경' 즉, 당신의 부모, 당신의 친구들, 당신의 선생님 등에 의해서 좌절당했을 확률이 높기 때문이다. 우리 사회는 항상 '일상화'된 정답을 무의식적으로 강요한다. 다양한 것을 하고 싶은 당신에게는 초등학교에 들어가면서 국·영·수 위주로 공부해야 한다는 과제가 주어진다. 그리고 우리는 그 과제를 12년간 해내야 한다. 심지어, 그것 자체로 평가해서 12년간의 결과를 가린다. 우리에겐 다양한 것을 보는 '눈'이 있었지만 12년의 교육체계는 오직 한 길만 보여준다.

20살이 된 나와 당신은, 영화 〈건축학개론〉에서의 수지와 이제훈을 상상하며 자유로운 대학캠퍼스 그리고 설레는 연애의 주인공이 '나'일 것이라고 생각한다. 하지만, 현실은 다르다. 특히나 요새는 1학년부터 학점이 큰 이슈이다. 좋은 회사에 취직해야 한다는 압박을 받기 때문이다. 그 후, 남자라면 군대에 가야 하고 여자라면 이제 본격적으로 취업준비를 해야 한다. 군대를 다녀온 남자 역시 상황은 다르지 않다. 어느덧 나이는 23살, 24살이 되어버렸고 이제 스스로를 어린 나이가 아니라고 생각한다. 그렇게 4년의 공부로 우리는 취업을 하게 된다. 이제 돈을 벌게 된 것이다.

회사에 들어가게 되면 우리가 돈을 벌기 때문에 '연애도 조금 더 적극적이어야지, 자기계발을 더 열심히 해야지'라고 생각하지만, 우리 모두 알다시피 일하는 데 2/3 이상의 에너지를 써버린 당신에게 찾아오는 건 자유가 아닌 '번 아웃'이 온다. 그리고 어느 시점부터는 다음과 같은 생각을 하게 된다. '배우자는 어떻게 구한다고 쳐도, 집은?' '아기를 나면 그걸 지금 감당할 수 있을까?' 그렇게 우리는 어렸을 때의 '꿈'은 저 멀리 두고, 시간이 지나면 지날수록 하나하나씩 포기하는 삶을 살게 된다. 도대체 이러한 틀은 누가 만든 것이기에 나는 항상 압박을 받고 사는 것일까? 자본주의, 자유주의는 항상 누구나 성공할 수 있다고 말하는데 왜 우리는 하나하나 포기하는 삶을 살게 될까?

나 또한 마찬가지였다. 정말로 내가 "자유로웠다"라고 말할 수 있는 시기는 21살 겨울방학부터 군대를 가기 전 3개월밖에 없었다. 나는 항상 이러한 사회적 목표들에 '압박'을 느끼며 살아갔다. 지금도 상황은 그렇게 다르지 않다. 아직 어린 나이인 32살이지만, '경제력에 대한 압박'은 쉽게 사라지지 않는다.

그러다 문득 생각이 들었다.

'사회, 타인의 기준 등을 누군가가 정해놓은 게 정말 좋은 것 일까?'

'지금 내가 하는 것은 내가 정말 좋아하는 것일까?'

머리론 알았다. 하지만 마음은 또 다른 문제였다. 출근하기 싫은 회사를 퇴사해야 한다고 마음은 말하지만 그걸 선택하기 두려웠다. 사람과의 소통이 어려울 때, 사람들이 있는 곳으로 먼저 다가가야 한다는 것을 알면서도 무서웠다. 나 역시 졸보였다. 선택하는데 몇 년이라는 시간이 걸렸다. 학창시절 학교폭력을 당했던 아이는 24살이 되어야 새로운 사람을 만나러 나갔으며, 불만족스러운 회사생활을 2년여 한 끝에 퇴사를 했다. 무서웠다. 그렇게 몇 달이 지났다. 불안했다. 하지만 명확하게 느낄 수 있었다.

'내가 생각한 것만큼 무섭지는 않고 두렵지도 않다. 그리고 생각보다 안전하다.'

세상이 정한 틀이 나를 압박할 때쯤이면 항상 생각했다. 그건 그 사람들의 생각일 뿐이고 오직 나는 내 **'행복'**이 중요하다고. 그리고 내가 1~2년 방황한다고 해도 인생이 무너질 만큼은 아니라고. 그리고 1년간 존버 했더니 미세하게나마 희망이 보이기 시작했다. 내가 운이 좋았다고 말하는 것이 아니다. 아마 이 글을 읽고 있는 당신 역시 마찬가지일 거라고 생각한다. 당신이 지금 회사를 다니는 이유는 무엇인가? 당신의 지금 걱정거리는 무엇인가? 그것이 정말 당신의 문제인가? 아니면 누군가에 의해서 규정된 그런 문제인가?

누구나 알고 있는 말. 인생에 정답은 없다. 정답은 없기에 당신은 1%라도 '당신의 선택'과 가까운 선택을 하여야 한다. 내가 장담할 수 있는 것이 하나 있다. 본인이 원하는 결정을 한다고 해도 안 죽는다. 아니 더 정확히, 세상은 내가 이런 선택을 내리든, 저런 선택을 내리든 관심이 없다(물론 당신 주변은 무조건 반대할 것이다. 그 이유에 대해서는 다음 장에 설명하도록 하겠다). 무언가를 잘못하거나 실수한 것보다 더 잘못된 선택은 '후회'하는 것이다. 그리고 그런 것이 쌓이게 되면 더 많은 것을 인생에서 포기하여야 할 수도 있다. 이 글을 끝까지 읽었다면 나와 같이 당신도 결심했으면 좋겠다. **'나의 선택을 하자!'** 실패해도 후회하는 선택은 하지 말자.

성장을 방해하는 친구보다
조력자를 찾아라

안심해라. 나는 당신에게 모든 친구와 절교하고 산속으로 들어가라고 말하는 것이 아니다. 다만, 우리가 무언가 새로운 선택을 하려고 할 때 주변의 반응이 어떠한지 한번 생각해보자는 것이다. 당신이 다니던 회사를 퇴사하면 가장 먼저 누가 반대할까? 아마 부모님 또는 친구들일 것이다. 성인이 되어서 자기계발에 흥미를 느낀 당신은 당신 친구들에게 우리 "이제 같이 책을 읽어보자"라고 이야기하지만 아마 당신의 친구들은 그것에 관심이 없을 가능성이 높다.

내가 이 이야기를 하는 것은 만약, 당신이 어떤 책을 읽고 또는 어떤 강연을 듣고 '변화'를 하겠다고 주변에 말하거나 또는 그러한 것을 같이하자고 이야기한다면 아마 대부분 '반대'와 마주치게 될 것이다. 그렇게 계속 반대에 부딪칠수록 당신이 생각했던 '변화'는 조금씩 희석될 가능성이 높다.

"맞아. 내가 무슨… 그냥 지금처럼 살자"라고 무의식은 당신을 계속 유혹할 것이다. 왜냐하면 "변화는 고통스러운 것이고 과거처럼 그대로 사는 것이 최고다"라고 당신에게 은밀하게 말할 것이다.

맞다. 냉정하게 당신의 주변은 대부분 당신의 편이 아니다. 재미있는 건, 저러한 '반대' 역시 당신을 위한 말이라는 것이다. 사람은 잘 안 변한다. 어떤 사람의 지금 상태를 가장 판단하기 좋은 방법은 그 사람의 과거를 보는 것이다. 그 사람의 과거를 보게 되면 지금 그 사람이 왜 이러한 생각을 하고 있는지 파악하기 수월하다. 그리고 미래에도 지금의 상태처럼 살아갈 확률이 95% 이상일 것이다. 그렇게 사람은 잘 안 변한다.

앞에서 말했듯이 변화라는 것은 원래 '불편함'을 동반한다. 당신의 '변화'를 위한 제안이 사실 상대방에게는 '너는 지금 불편한 것을 하고 있어. 그러니까 그건 위험해'라고 받아들여지는 것이다. 친구나 자녀가 '위험한 것'을 한다고 하는데 막지 않을 사람이 어디 있겠는가?

하지만, '성장'과 '발전'에 불편하지 않은 것은 없다.

당신이 꿈꾸는 미래로 다가가기 위해서는 필연적으로 '불편함'과 '두려움' 속에 들어가야 한다. 친구의 의견도 중요하지만, 내가 정말로 나답게 살기로 결심했기에 '변화'를 결정한 것이다. 그렇기에 오히려 반대로 생각할 필요가 있다.

'아, 주변에서 반대 반응이 나오는 거 보니까 나는 나를 위해 좋은 선택을 한 거구나!'

물론 내 말이 그냥 자기가 하고 싶은 대로 살아가라는 것이 아니다. 다만, 당신의 변화를 위해서, 정말 원하는 것을 위해서 당신은 결단을 해야 한다. 그리고 여기서 더 중요한 것은 당신과 생각이 비슷한 사람들을 찾아야 한다. 이것은 당신의 변화에 힘을 실어줄 것이다. 당신은 변한다. 변할 수 있다. 다만, 그걸 견뎌내기까지의 '맷집'이 필요하다. 개인 혼자라면 대부분 지칠 수밖에 없다. 우리는 우리와 같은 생각인 사람을 찾아야 한다. 다행히, 지금은 컴퓨터 한 대면 모두 해결할 수 있다. 당신이 변화하고 싶은 방향, 당신이 하고 싶은 것과 관련된 커뮤니티, 네이버카페, 어플리케이션 모두 좋다. 그런 사람들에게 다가가라. 당신보다 먼저 '도전'하고 있는 사람들이 분명 당신에게 힘을 실어줄 것이다.

그렇게 나 역시, 1인 창업가로 버텨낼 수 있었다. 회사를 나왔을 때 나는 정말 아무것도 없었지만 지금의 내 주위엔 같이 각자의 일을 하는 사업가들이 있다. 그들의 도움이 없었다면 절대 여기까지 못 왔을 거라고 장담한다.

내 생각을 나와 생각이 다른 사람들에게 굳이 증명할 필요는 없다. 그건 시간낭비이고 감정 소모일 뿐이다. 대신, 나와 생각이 비슷한 사람과 어울려라. 그 편이 훨씬 이득이고 이 시너지는 당신의 상상 이상보다 훨씬 세다.

나를 싫어하는 사람은 무조건 있다
2.6.2 법칙으로 찾은 이유

내가 유튜브를 처음 찍었을 때이다. 영상을 찍고 편집하고 마무리하는 과정들도 어려웠지만 사실 더 걱정되는 부분이 있었다. 첫 영상을 올리면 바로 악플이 달리지 않을까라는 걱정이 바로 따라왔다. 하지만 8개월간 악플보다 더 무서운 무플이 지속됐다. 그 후 시간이 지나, 영상이 뜨기 시작하면서 슬슬 없었던 악플이 달렸다. 근거가 있는 비난이 아닌 내 외모에 대한 비난같이 정말 아무 이유 없이 나를 싫어하는 사람들의 악플이 달렸다. 그때의 당혹감은 아직도 기억에 남을 정도이다.

내가 회사를 다니던 시절로 시간을 돌려보겠다. 우리 회사는 수직적 문화가 아직 남아 있는 그런 회사였다. 나는 내 의견을 편하게 표현할 수 있는 곳에서 일의 능동성이나 창의성이 나오는 유형인데, 회사의 강압적인 문화에서는 오히려 많이 위축되어 잘 적응하지 못했다. 그래도 회사라는 조직이기에 적응하기 위해 노력했다. 하지만, 그냥 내 성향 자체를 싫어하는 사람은 있었다. 학창시절이랑 마찬가지였다. 이야기를 나눌수록 나랑 다르다고 느껴지는 사람이 있었다. 그러한 사람들과는 친해지지 않았다. 더 나아가서 나를 싫어하는 사람도 있었다.

이 모든 것을 되돌아보았을 때 나는 하나의 결론에 도달할 수 있었다. 나를 싫어하는 사람은 무조건 존재한다. 실제로 내가 믿는 법칙이 있다. 바로 2.6.2법칙이다. 세상에서 나와 관계를 맺는 사람 중에 2명은 나를 좋아한다. 그리고 6명은 나에게 관심이 없고 나머지 2명은 정말 아무 이유 없이 나를 싫어한다는 이론이다.

참 재미있는 것은 내가 착한 아이 콤플렉스가 있을 때도 그 결과가 다르지 않았다는 것이다. 착한 아이 콤플렉스는 타인에게 착한 사람으로 남기 위해 욕구나 소망을 억압하면서 지나치게 노력하는 것을 말하는데 나는 특히 어린 시절에 이러한 성향이 강했다. 남에게 잘 맞춰주기 위해 노력하는데도 나를 싫어하는 사람이 2명이나 존재한다니 신기하지 않은가? 이러한 결과는 오히려 '살고 싶은 대로 살자'라고 결심하는 계기가 되었다.

'어차피 나를 싫어하는 사람이 존재한다면 정말 내가 살고 싶은 방향으로 살아가자. 다만 범죄를 저지르거나 예의 없이 굴거나 피해를 주진 말자. 하지만 누군가를 위해서 나를 포기하면서까지 맞추지는 말자'라고 생각하게 되었다.

다시 유튜브에 악플이 달린 상황으로 돌아가보자. 평소에 인터넷 악플이 달릴 만한 활동을 하지 않았기에 정말로 처음에는 당황했다. 하지만 거기서 또 다른 생각이 들었다. '그래 어차피 2명은 나를 싫어한단 말이지. 그러면 이러한 악플이 달리는 것은 분명 나를 좋아하는 2명이 있다는 증거겠네?'라고 생각하자 나를 좋아하는 사람들을 위해서라도 열심히 더 영상을 찍어 올리자는 확신이 생겼다. 구독자가 계속 늘어나자 악플 비율이 늘어났다. 역시 마찬가지의 생각이 들었다. '나를 좋아하는 20%의 확률이 점점 늘어나는구나. 유튜브 세계에서 내가 조금은 뜨고 있구나?' 그렇게 나는 나를 싫어하는 20%가 아닌 나를 좋아하는 20%를 보기 시작했고 나에게 관심 없는 60%에게 조금 더 내 생각을 전하기 위해 노력하고 있다.

이 글을 보시는 모든 분들에게 말해주고 싶은 것이 있다. **여러분이 잘생기고 잘 나가고 항상 봉사하고 기부도 많이 하고 좋은 일을 많이 해도 당신을 싫어하는 사람은 무조건 있다.** 김연아를 싫어하는 사람도 유재석을 싫어하는 사람도 있는 게 알 수 없는 이 세상이다.

하지만 그 20%로 나머지 80%를 가리지 말라고 이야기하고 싶다. 우리는 좋아하는 20%와 가까이하면 된다. 그리고 당신에게 관심 없는 60%에서 또 20%와 어울리면 된다. 세상 모든 사람이 우리 편일 수는 없다. 이걸 인정하고 받아들여야 한다.

끼리끼리 논다는 말은 정말 진리다. 당신은 당신과 생각이 맞는 사람과 어울리면 된다. 세상 모든 행복한 사람들은 그렇게 산다. 굳이 여러분을 싫어하는 사람을 생각하면서 화를 내고, 스트레스를 받지 말자. 여러분이 걱정하고 화를 낸다고 해도 그 사람들은 바뀌지 않는다. 나는 이러한 생각을 가지고 나서부터 내가 하고 싶은 것을 오히려 거침없이 실행할 수 있었다. 나를 좋아하는 20%를 위해서! 우리는 선택할 수 있다. 당신을 좋아하는 20% 또는 당신을 싫어하는 20%. 우리의 편만 바라보는 연습을 하다 보면 악플에도 웃을 수 있는 여유를 가질 수 있게 된다.

언제나 일관적일
필요는 없다

"모름지기 사람이라면 일관성이 있어야 한다"는 말을 들어봤을 것이다. 하지만 내 생각에 이는 절반 정도만 맞는 말이라고 생각한다. 우선 가장 먼저, 옳고 그름에 대한 일관성은 분명히 있어야 한다. "거짓말을 해서는 안 된다. ~해서는 안 된다"와 같은 '진리'와 연관된 것들에 대해서는 항상 일관성을 유지하여야 한다. 하지만 이 밖에 개인적인 차원으로 접근했을 때는 나는 조금 다르게 생각한다.

예를 들어 21살 대학생에게 "앞으로 돈은 어떻게 쓸 계획이세요?"라고 물어봤을 때, "가장 먼저 취업을 하게 되면, 돈을 열심히 모을 것이다. 그리고 나서 종잣돈이 모인 뒤에 어떻게 쓸지 생각해 볼 것이다. 지금 나에게 가장 중요한 것은 돈을 모으는 것이다"라고 말할 수 있다.

하지만 이 대학생이 막상 취업을 하게 되고 돈을 벌게 되니, 뒤늦게 스스로 꾸미는 것에 대해 관심을 가지게 될 수 있다. 패션뿐만 아니라 여행에도 관심을 가지게 되었다고 하자. 그때 누군가에게 다시 한 번 어떻게 돈을 쓸 계획이냐고 물어본다면 그는 이번에는 이렇게 말할 것이다. "어차피 돈은 교환권이라고 생각해요. 내가 사고 싶고, 하고 싶은 것을 하는 게 내가 돈을 버는 목적이지요. Yolo!"

상황을 단순화시키긴 했지만 우리 모두의 상황은 이처럼 오히려 일관적이지 않다. 상황은 매우 가변적이어서 어제와 오늘의 상황 역시 변한다. 그리고 1년, 2년, 몇 년이 지나면 이전과는 다른 생활을 살게 될 가능성이 크다. 그렇게 되면 생각 역시 변한다. 예전에 자신이 생각하기에 가장 중요하게 생각한 것이 지금은 아무 쓸모 없는 것이 될 수도 있다. 이때도 우리는 정말 일관성을 유지하여야 할까?

내 생각은 당연히 '아니다'이다. 앞에 적었듯 모든 것의 중요성은 항상 변하기 마련이며 이것은 당연한 것이다. 그렇기에 우리는 그때그때 중요한 것을 선택하는 작업만 하면 된다.

'일관성'은 의미가 없어지고 '효율성과 합리성'이 남는다.

홍상수 감독에 〈지금은 맞고 그때는 틀리다〉라는 영화제목처럼 우리 인생 역시 이와 같다고 생각한다. 그때그때 상황에 맞게 가장 현명하게 움직이는 것이야 말로 변화하는 세상 속에 가장 잘 적응하는 법이라고 생각한다. 그리고 이 선택의 중심엔 '스스로 생각하기에'라는 것이 숨어 있다. 모든 선택은 자기가 내린다. 그리고 책임질 수 있어야 한다.

장애물이
성장 포인트다

당신의 현 상황이 만족스럽지 못한가? 축하한다. 당신은 정말 큰 자산을 얻은 것이나 다름없다. 지금 당신은 가난한가? 축하한다. 미래의 어느 시점이 되면 오늘날의 고통과 슬픔을 웃으면서 말할 날이 올 것이다. 그리고 지금의 가난함이 당신을 움직이게 할 큰 동력이 될 것이다. 가난, 허약함, 주저함, 낮은 사회성 모두 상관없다. 지금 당신의 현 상태 자체가 인생 대역전을 위한 하나의 과정이기 때문이다. 어느 시점이 넘어설 때, 당신이 원래 잘나가거나 원래 금수저가 아니라서 여러분 그 자체가 스토리고 성공신화가 될 것이다. 미리 축하한다.

우리 집은 돈 때문에 싸우지 않는 날이 없었다. 매번 부모님은 '돈'이라는 주제를 가지고 다퉜다. 행복해 보이지 않았다. 더 큰 문제는 정신적인 가난함이었다. 아버지는 강압적이었다. 나는 자기주장권을 잃은 아이였다. 그런 아이가 학교에 들어갔다. 나는 키가 컸다. 하지만 몸은 삐삐 말랐다. 안경을 쓴 마르고 조용한 아이. 사춘기의 친구들에게는 괴롭힘 당하기 좋은 그런 아이었다.

초등학교 5학년. 조용했던 나는 성격에 변화를 줘야겠다고 다짐했다. 일부러 나서고 소리도 크게 질렀다. 그때 처음 알았다. 내가 유머감각이 있다는 것을. 친구들이 내가 말하는 것에 많이 웃어주는구나. 하지만 내 근본에 있는 본성은 바뀌지 않고 6학년이 되자 다시 예전으로 돌아왔다. 중학생이 되자 다시 조용해진 나는 친구들에게 괴롭힘을 당했다. 특히 고등학교 2학년 때가 가장 힘들었다. 학교가 가기 싫을 정도였다.

20살. 친구들은 하나씩 대학에 들어가면서 여자친구도 사귀고 인간관계를 넓혀갔다. 반면에 나는 재수를 택했다. 힘겹게 대학교에 들어갔다. 하지만 사람들과 대화하는 게 어려웠다. 공부도 하기 싫었다. 그래서 학교를 안 갔다. 1학년 학점은 0.87이었다. 그 후 군대로 도피했다.

군대에서 내 별명은 '나무늘보'였다. '빠릿빠릿'이 생명인 군대에서 난 역시나 잘 적응하지 못했다. 23살 전역을 했는데 군대 버프는 오래가지 않았다. 다시 빠르게 나는 예전의 나로 돌아왔다. 부정적인 생각만 가득한 채 1년을 보냈다. 24살이 되었다. 24살 2월, 일생일대의 결심을 했다. 나는 이제 절대 과거의 삶을 살지 않겠다. 그렇게 8년이 지났다.

나는 내 과거에 감사한다. 내가 원래부터 금수저였다면, 내가 원래부터 높은 자존감과 좋은 사회성을 가졌다면, 나는 어땠을까? 확실한 건 절대 열심히 살려고 하지 않았을 거라는 것이다. 그리고 위기, 좌절 등이 오게 되면 아마 바로 도망갔을 것이다. 결국, 내가 가진 지금의 멘탈, 그리고 도전하고자 하는 용기와 도전정신은 내가 가난했기 때문에, 정말 아무도 없었기 때문에 절실함으로 인한 것이었다.

나폴레온 힐의 저서 《여덟 가지 삶의 태도》를 보면 성공하는 사람과 그렇지 않은 사람의 차이는 장애물이 나타났을 때, 그것에 대한 태도로 나뉜다고 한다. **성공하는 사람은 장애물이 나타났을 때 그걸 극복하기 위해 더욱 발 벗고 나선다. 그리고 그것을 해결한다. 해결한 경험이 쌓이면 스스로 자신감이 생긴다. "나는 장애물이 와도 해결할 수 있다."**

실패하는 사람들 역시 동기를 가진다. 하지만 장애물이 나타나면, 얼마 못가서 포기한다. 포기는 습관이 된다. 그렇게 지금 주어진 것에서만 움직인다. 성공은 절대 발 뻗고 있을 때 얻어지는 것이 아니다.

나는 내 모든 과거를 사랑한다. 나에게 그런 과거가 있었기에 적극적으로 장애물을 부수려고 노력했다. 필요에 의해서라기보다는 '생존'하기 위해서 움직였다. 지금도 그 마음에는 다름이 없다. 생전 몸을 만들어본 적도 없었던 내가 바디프로필에 도전하는 것. 금요일만 되기를 바랐던 최악의 직장인에서 퇴사 후 하루에 10시간 이상씩 주 6일 이상 일하는 것. 많은 사람들과 만나서 소통하기 위해 노력하는 것. 새로운 채널(인스타, 유튜브, 트위터 등)에 대해 공부하는 것. 하루에 책 50페이지씩 무조건 읽는 것. 모두 다 쉽지 않다. 하기 싫다는 마음이 올라온다. 모두 다 장애물이다.

만약 당신이라면 어떤 선택을 할 것인가? 과거처럼 도망만 갈 것인가? 아니면 바짓가랑이라도 잡으면서 버텨낼 것인가? 나는 여기에 모든 성공의 원칙이 있다고 생각한다. 절대 인생은 내 뜻대로 풀리지 않는다. 치밀한 계획도 반드시 위기가 오고 예외 상황이 온다. 그때가 내 성장 포인트다.

나는 디자인 감각이 빵이다. 하지만 인스타그램이 마케팅이 된다는 것, 그리고 홈페이지를 만들 수 있는 능력 그 자체가 미래에 큰 도움이 된다는 것을 알고 있다. 그래서 공부한다. 디자인 감각, 코딩 능력 아무것도 없지만 그냥 한다. 장애물? 매일 나타난다. 하지만 한 단계, 한 단계 올라갈 때 내가 생각하는 성공이라는 것에 더 가까이 가고 있다고 느낀다.

다시 처음으로 돌아가보자. **가난, 당신이 지금 정신적, 신체적, 물질적 가난을 겪고 있다면 반등 칠 아주 좋은 기회다. 하나하나 시도해볼 아주 좋은 기회다.** 왜냐하면 더 이상 밑으로 갈 곳도 없기 때문이다. 성공을 위한 베이스캠프를 차렸다고 생각해보자.

물론 당신은 시간이 없다고 말할 것이다. 바쁘다고 말할 것이다. 시간? 대부분의 사람들은 바쁘다고 말하지만 실제로 바쁘지 않다. 어떻게든 시간을 내서 지금 시간을 반등할 것들을 하나씩 해봐라.

그 과정에서 가장 처음에는 '막연함'부터 '하기 싫음', '성과 없음' 등 다양한 장애물들이 나타날 것이다. 거기서 도망가지 말자. 바로 그 포인트가 우리가 절대 놓치지 말아야 할 성장, 성공 포인트다.

그 포인트를 먹고 레벨 업을 할 때마다 가난은 사라진다. 빈곤도 사라진다. 나 역시도 더욱 눈이 초롱초롱 해진다. 오늘도 장애물이 있을 것이다. 당장 오늘 저녁 헬스를 2시간 할 걸 생각하면 거부감부터 올라온다. 하지만 나는 안다. 그 2시간이 내가 원하는 목표에 한 걸음 더 다가갈 절호의 찬스라는 것을.

선순환 이론,
버티는 시간이 필요하다

내가 믿는 이론이 하나 있다. 하나의 성공 프로세스를 직접 경험한 사람은 다른 분야로 옮겨도 성공할 확률이 기하급수적으로 커진다는 내용이다. 자, 여기서 가장 중요한 것은 **성공 프로세스**를 경험한 것이다. 이 글을 읽는 독자 분들께서는 어떤 하나에 집중해서 진득히 결과를 내본 적이 있는가?

예전의 난 정확히 이러한 성공 프로세스에 대한 개념 자체가 없었다. 고등학교 때는 공부를 하는 둥 마는 둥했다. 친구들이 하니까 재수를 시작했다. 당연히 시작동기가 약했기 때문에 6월 모의고사 이후부터 풀어지게 되었다. 결과가 좋을 리가 없었다. 대학교에서 들어가서는, 머릿속으로 학점이 중요하다는 것은 알았지만 그게 지속되지 못해 성적은 형편없었고, 나를 지속적으로 괴롭히던 이성에 대한 결핍은 나를 몇 년이고 계속 쫓아다녔다.

내가 이성을 만나는 것으로부터 자유를 얻었을 때, 그리고 반년간 정말 열심히 준비해서 중견기업에 취업했을 때 그 결과 이상으로 더 중요했던 것은 "나도 할 수 있다"라는 내적 자신감이었다. 단순히 머릿속으로 아는 것이 아니라 내 마음속으로 스스로에 대해서 신뢰할 수 있는 상태에 도달했다는 것이 더 큰 의미가 있었다. 지금 내가 하는 것들에 대해서 좋은 결과들이 나오는 것은 사실 "나도 할 수 있다"라는 내적 자신감을 내가 가질 수 있었기 때문이라고 생각한다. 당연히 모든 방면에서 길은 다 다르다. 하지만 그 프로세스는 비슷하다.

나와 마찬가지로 당신도 관심이 있는 것, 하고 싶은 것이 있을 것이다. 그걸 시도해보겠다는 결심을 할 수도 있다. 하지만 당신이 분명히 어느 정도의 '결과'를 원한다면 절대적으로 투자되는 시간이 있어야 한다. 나는 이 시간을 '버티는 시간'이라고 말하고 싶다. 드라마도 주인공이 1화부터 끝날 때까지 잘 나가면 인기가 없다. '갈등'이 있어야 하고 그걸 극복하는 과정이 있어야 사람들에게 인기 있는 드라마가 된다. 내가 가장 먼저 썼듯이 인생에 요행은 없다. 하지만 이 **'버티는 시간'**에서 버텨내는 사람만이 자기가 원하는 목표를 달성할 수 있다.

한 분야에서 결과를 낸 적이 있다면 이 '버티는 시간'을 이겨냈던 경험이 있다는 증거이기도 하다. "**관심-〉도전-〉버티는 시기-〉반복-〉결과**"라는 전체를 보면 대부분 버티는 시기에서 **95% 이상 떨어져 나간다.** 의욕이 넘치는 사람들이 많다. 하지만 오래가는 사람은 많이 보지 못했다. 모두 다 빠른 결과를 원한다.

하지만 세상에 빠른 결과라는 건 별로 없다. 오히려 빠른 결과가 찾아오면 그만큼 잃기도 쉽다.

본인 스스로에게 자문해보길 바란다. **나는 이 전체의 사이클을 해낸 적이 있는가?** 본인에게 이러한 경험이 있다면 아주 큰 가능성이 있다는 이야기다. 만약에 본인이 이러한 경험이 없다면 다시 현실을 인식할 좋은 시기이다. '내가 그동안 도둑놈 심보를 가지고 있었구나'라고 느껴도 좋다. 온전히 버텨보는 것이다. 나는 오늘, 지금, 이 순간도 버텨내고 있다. 우리는 할 수 있다.

첫 직장의 실패로 배운 것

이 책의 서문에서 '평범함의 위대함'을 이야기했다. 나는 정말로 당신과 똑같은 평범한 사람이다. 그 예로 내가 회사에서 실패한 이야기를 솔직히 고백하려고 한다. 나는 29살 되던 해 12월에 취업을 했다. 그 전에 재미있는 이야기가 있다. 같은 해 8월에 타 제약회사 2차 면접을 가게 되었다. 인원은 나를 포함해서 최종 4명. 이전 해 합격자로 보았을 때 사실상 합격자들의 면접이었다. 나는 자신 있었다. 2차 면접 역시 스스로 잘 보았다고 생각했다. 집에 돌아오면서 내 머릿속에는 정장을 입고 출근하는 내 모습이 눈에 선했다. 1주일이 지났지만 연락이 없었다. 기간이 오래 걸리는구나 생각했다. 10일이 지났다. 무슨 일인지 알고 싶어 본사에 전화를 걸었다.

"이원준 씨는 아쉽게 면접에 합격하지 못하셨습니다."

이런 답변을 들었다. 4명 중에 1명이 떨어졌는데 그게 나라니. 정말 믿을 수가 없었다. 너무 충격이 커서 2주간 집에만 있었다. 자소서는 쓰지 않고 2주일간 게임만 했다. 역시 기대가 크면 실망도 큰 법이다. 그렇게 2주일 후 더 이상 이렇게 살다간 큰일 나겠다는 생각이 들었다. 노트북을 들고 매일 낮 2시가 되면 카페를 갔다. 그렇게 저녁 10시까지 자소서만 썼다. 10시가 되면 같은 취준생 친구들과 술을 먹었다. 12시까지. 당시에 자주 가던 순댓국집이 아직도 떠오르곤 한다. 돈이 없었기에 최소한의 안주로 술을 먹었다. 그리고 집에 12시에 들어왔다. 새벽에 잠이 들었고 어김없이 2시가 되면 집을 나섰다. 이 과정을 4개월 반복했다. 그러자 다시 입사지원을 한 회사에서 슬슬 반응들이 오기 시작했다. 마지막에는 내가 최종적으로 합격한 회사 이외에 총 4개의 기업에 합격했다. 한 회사는 2차 면접을 심심해서 가기까지 했다.

과거 2차 면접 탈락의 아픔을 되풀이 하지 않기 위해 기업분석과 예상 질문 분석을 철저하게 준비했고 대부분의 회사 질문들이 비슷비슷한 것을 파악했다. 모두 다 준비된 답변들이기에 나는 면접에 자신 있었다. 역시 유비무환의 자세. 그 결과 1월부터 정장을 입고 출근을 했다. 맨날 모자 쓰고 카페 구석자리에 박혀서 자소서만 쓰던 학생에서 매일 정장을 입고 출근하자니 어색하면서도 스스로 뭔가 멋있게(?) 느껴졌다. 그렇게 1달, 2달, 1년, 시간이 흘렀다. 하지만 나는 회사 생활에 잘 적응하지 못했다. '까라면 까!' 문화를 적응하기에 나는 자존심이 너무 셌다.

표정에서부터 '불만'이 나왔다. 영업 실적 역시 좋지 않았다. 가서 싫은 소리 하기도 싫었고, 싫은 이야기를 듣고 싶지도 않았다. 2년째가 되었다. 나는 거의 일을 하지 않았다. 실적은 당연히 최악이었고 욕도 매일매일 먹었다. 월급만 따박따박 찍혔을 뿐. 월요병은 극에 달했다. 나는 원래 술버릇이 없다. 그런데 이 시기에는 술을 먹으면 친구들이 나보고 괴팍해진다는 이야기를 했다. 지금 생각해보면 술을 먹어서라도 이 현실을 벗어나고 싶다는 생각이 간절했던 것 같다. 퇴사를 했다. 퇴사 당하기 2주 전쯤이 되어서야 팀장에게 편하게 내 이야기를 할 수 있을 정도로 나는 실적에, 사람관계에 억눌려 있었다. 정말 힘들게 들어간 회사는 실적으로 보나, 평판으로 보나 완전한 실패였다.

퇴사하면서 단단하게 결심 하나를 했다. 딱 1년간 내가 하고 싶은 것을 찾고 그것을 해보자는 것이었다. 1년 안에 회사로 들어가는 일은 없을 것이라고 다짐했다. 회사를 퇴사했던 2019년 4월, 그때의 나는 정말 아무것도 없었다. 이뤄낸 것도 없었으며 내가 무슨 능력을 가졌다라고 당당하게 말할 수 있는 것도 없었다. 그로부터 많은 시간이 지났다. 생각은 조금 달라졌다.

내가 회사의 경험이 없었다면 나는 지금 1인 사업가로 살 생각조차 하지 못했을 것이다. 내가 24살까지 모태솔로가 아니었다면 '도대체 연애라는 건 어떻게 하는 거지?'라는 심오한 질문을 스스로에게 던지지 못했을 것이다.

실패는 성공의 어머니일까? 어머니라고 하기에는 너무 힘들고 괴롭다. 세상에서 만나면 도망가고 싶은 어머니는 드물 텐데 실패는 참 그런 것 같다. 하지만 명확하게 이러한 완벽한 실패는 내가 어떻게 나아가야 할지 방향성을 제공해준다. 정말로 실패를 통해 배우는 것은 분명 있다. 왜냐하면 당신도 실패하는 행위를 지속적으로 반복하지는 않을 것이기 때문이다.

'시행착오'

한 발을 나아가야 다음 발을 어디로 내딛을지를 알 수 있다. 그 한 발이 잘못 디딘 발이어도 세상이 나를 죽이진 않는다. 이 글이 여러분들에게 위안이 되는 동시에 한 발을 내딛을 용기가 되길 진심으로 바란다. 절대로 실패해도 죽지 않는다.

디지털 노마드의
환상과 현실

디지털 노마드라는 단어를 처음 들었을 때였다. 내가 회사를 퇴사할 때 디지털 노마드를 계획하고 퇴사를 한 것은 아니었다. 이미 회사를 다닐 의지는 바닥이었고 무기력증이 나를 지배했다. 회사를 다니면서 술이 늘었고 화도 늘었다(다행히 머리는 빠지지 않았다… 휴…).

나는 영업사원이었다. 실적으로 말하는 영업사원. 외근이 대부분이었다. 그래서 자율성은 충분히 보장됐다. 단지, 나라는 사람 자체보다는 '실적' 그 자체가 나였다. 내가 퇴사를 앞둔 마지막 1~2달이 생각이 난다. 외근을 나간다. 나가서 바로 PC방으로 직행했다. 그리고 하루 종일 게임만 하다가 퇴근했다. 퇴근시간이 되면 팀장님께 전화보고를 했다.

"네 팀장님! 오늘 이곳, 이곳, 이곳을 갔는데 아쉽게도 결과가 좋지 않았습니다."

"너는 언제까지 이 모양이냐…."

20살의 나는 꿈은 없었지만 내가 생각하던 31살의 모습은 이게 아니었다. 나는 영업직이 잘 맞을 줄 알았고 급여 역시 마음에 들었다. 2년이 지난 결과, 월급날만 기뻤고 급여는 내 젊음을 갉아먹는 삶들이었다. 그리고 무엇보다 영업직은 나랑 잘 맞지 않았다. 나는 실패한 영업사원이었다.

디지털 노마드

하루는 일하는 중간에 서핑을 즐기기도 하고, 어느 날은 비가 내리는 창 밖 풍경을 보면서 작업을 하기도 하고, 또 다른 날은 로마 콜로세움 근처에서 관광객을 바라보며 일한다. 이런 꿈 같은 근무 환경을 실제로 체험하고 있는 사람들이 있다. 인터넷과 업무에 필요한 각종 기기, 작업 공간만 있으면 시간과 장소에 구애받지 않고 일할 수 있는 유목민, '디지털 노마드' 얘기다.

– 〈디지털 노마드〉, 네이버 지식백과

우연히 인터넷을 서핑하다가 디지털 노마드라는 단어를 알게 되었다. 이런 게 가능하다고? 작년 신사임당님의 창업 다마고치 영상을 처음 보고 받았던 충격과 더불어 새로운 세상이 있다는 것을 알았다. 31살. 퇴사한 나는 회사는 들어가기 싫었다. 부모님께서는 무척 아쉬워하셨다. 퇴사 기점에서 부모님과 대화를 나눴던 것이 아직도 기억이 난다.

"내가 지금 이러한 결정을 내리지 않고 10년이 지났을 때

여전히 후회하고 있다면 부모님을 원망할 것 같아요. 그러니까 그런 엄한 짓하지 않게 1년이라는 시간만 주세요. 제가 뭐라도 해볼게요."

퇴사 후, 2달간 열심히 놀았다. 안 갔던 해외여행도 가보고 2년간 고생한 스스로에 대한 보상이랍시고 열심히 탱자탱자 놀았다. 3달째 되던 때부터 슬슬 불안감이 찾아왔다. 31살 백수. 경제적 궁핍이라는 것보다 생존에 대한 위협이 찾아왔다. 역시 사람은 위기가 찾아와야 몸이 움직이는 동물이다. 내가 할 수 있는 것이 무엇일까를 생각해보았다.

당연히 처음 시도는 스마트스토어였다. 〈솔직한 신대표〉의 강의를 들었는데 강의만 들었고 행동은 하지 않았다. 회사를 다닐 때 주변에 연애로 힘들어했던 아는 친구들과 동생들이 있었다. 내 생각대로, 이러이러한 방식으로 해보라고 조언을 해줬었는데 대부분의 친구들이 연애에 성공했다. 그래, 우선 내가 그래도 해봤던 거니까 연애 컨설팅도 한번 해보자. 나만의 채널이 있어야겠군. 블로그, 유튜브, 인스타그램, 페이스북. 모두 해보기로 했다.

블로그와 유튜브를 시작했다. 처음엔 글 하나 쓰는 데 3시간 정도 소요됐다. 유튜브는 하다가 쉬고 하다가 쉬고를 반복하고 구독자 200명을 모았다. 일단 시작은 했는데 모든 반응이 미적지근했다. 다행히 연애컨설팅 일이 입소문이 타서 계속 의뢰가 들어왔다.

하지만 그걸로는 부족했다. 알바시장에도 뛰어들었다. 매달매달 단기알바도 했다. 빠르진 않았지만 포기하지 않고 살기 위해 버텨 보았다.

그래도 패기는 있었다. 스스로 언젠가는 터진다는 확신은 있었 다. 버는 돈은 200만 원을 넘지 못했지만 배움에는 투자를 아끼지 않았다. 송수용 대표님의 강연 코칭 과정을 이수했고 기성준 작가 님을 통해 글쓰기 수업과 책 출판 강의를 들었다. 그 외에도 다양 한 강의를 들으러 돌아다녔다.

올해 1월 연애컨설팅 일이 많아졌다. 의뢰량이 기존의 2배, 3배 가 늘었다. 한번 해보자 했던 스마트스토어도 대량주문의 힘으로 200만 원 정도의 판매를 기록했다. 블로그의 유입수도 증가했다. 외부 트래픽을 동원하기 위한 노력도 많이 했지만 글 자체가 쌓이 다 보니 최소한의 신뢰감이 생겼다. 200명이던 유튜브는 500명 정 도까지 올라갔다. 8개월에 200명이었는데 1달 만에 300명이라니. 감개무량했다.

바로바로 성과를 기록하고 블로그에 올렸다. 〈블로그 떡상기록〉, 〈유튜브 떡상기록〉 유튜브는 유튜브를 시작조차 못 하시는 분들을 대상으로 강의 정도는 충분히 열 수 있을 것 같았다. 바로 강의를 열었다. 2시간 1만 5천 원짜리 강의였다. 10명을 모집했는데 15명 이 지원했다. 유튜브 강의를 통해 변병용 대표님을 알게 되었고 블 로그와 관련된 일을 맡겨주시고, 그리고 다른 회사대표님들을 소개시켜 주었다.

1월에 처음으로 500만 원이라는 돈을 내 스스로 벌어봤다. 회사의 직원이 아닌 내 능력으로 500만 원을 돌파했을 때의 짜릿함을 아직 잊지 못한다. 아현동에 있는 사무실에 들어갔다. 10시 출근, 나는 저녁 9시, 10시까지 일했다. 디지털 노마드의 환상 같은 것은 이미 버렸다. 할 일도 너무 많았지만 재미도 있었다. 마치 게임을 하는 것과 같았다. 노트북 하나면 세상 모든 일을 할 수 있었다.

2월. 여자친구와 여행을 갔다. 여행을 가서도 일을 했다. 세상 어디에 가도 노트북 하나면 모든 일을 할 수 있는 디지털 노마드? 맞다. 내가 주말이든, 여행을 가든 나는 일을 해야 했다. 수익은 1월의 순이익을 초과했다. 하지만 할 수 있는 일은 모두 다하다 보니, 오히려 비효율을 가져왔다. 몸 하나로는 도저히 모든 일을 할 수 없었다. 일이 많아지니 질은 떨어졌다.

많은 걸 느꼈다. 내가 잘할 수 있는 것과 못하는 것을 어느 정도 구분할 수 있었다. 나는 내가 모든 일을 다 했던 것이 정말 다행이라고 생각한다. 대부분의 사람들은 일을 시작하기도 전에 이게 나한테 맞을까부터 생각한다. 하지만 그건 해보지 않고는 절대 모른다. 나는 오히려 아무 생각이 없었다. 생존에 대한 강한 위기 때문에 정말 할 수 있을 것 같은 일은 모두 다했다. 그러다 보니 내가 무엇을 잘하는지 더욱 빨리 알 수 있었다.

이 글을 읽는 여러분이 생각이 너무 많다면 오히려 행동의 저하를 가져올 수 있다. 우선 움직여라. 그리고 나서 평가해도 늦지 않다. 그리고 나랑 전혀 상관없을 것 같은 것이 오히려 나와 잘 맞는 경우도 많다.

유튜브가 그랬다. 500명을 넘어선 유튜브는 2월, 3월이 넘어 7,000명이 넘어섰다. 떡상(?) 했다. 나를 알릴 채널은 더 커졌다. 새롭게 할 일들이 계속 생각났다. 주변에 좋은 사람들과 같이 할 일이 많아졌다. 책 읽기와 글쓰기가 '재화창출의 도구'라는 것도 뼈저리게 느꼈다. 꾸준히 글을 썼다. 그러다 보니 출판의 기회도 얻게 되었다. 요새는 매일매일 글을 쓰느라 행복하기도 하면서 머리를 쥐어짜내고 있다.

이제 올해가 얼마 남지 않았다. 내가 회사를 퇴사한 지도 1년이 지났다. 스마트스토어, 지식창업, 파워블로거, 인플루언서, 유튜버 등 다양한 사람들을 만났다. 같이 으쌰으쌰 했다. 성과가 빨리 나오는 사람도 있었다. 1년이 지난 시점, 그들 대부분은 무슨 일을 하는지 모르겠다.

나도 옆의 그래프로 성장하길 정말 바라고 바란다. 하지만 절대 이런 성장은 없다. 절대 짧은 시간에 폭발적인 성장을 기대하면 안 된다. 존버 정신. 버텨야 한다. 그리고 그 과정에서 최선을 다해야 한다.

이 과정에서 치고 나가는 옆 사람, 유튜버, 블로거 때문에 스스로
가 초라해 보일 수 있다. 나도 비슷한 감정을 많이 느꼈다. 하지만
그들은 그들이고 우리는 우리다. 큰 목표를 바라보되, 옆과 나를
비교하면 안 된다. 오늘 내가 해야 할 정확한 무언가가 있어야 하
고 그것을 매일매일 해나가야 한다. 하나하나 쌓아나간다는 개념
으로 접근해야 한다.

　위에 적었듯이, 노트북만으로도 일할 수 있지만 여행을 가서도
일해야 하고 주말에도 일해야 한다. 물론 나도 내가 바라는 어느
시점이라는 것은 있다. 일을 위임하고 시간적 자유를 느끼고 싶다
는 명확한 목표가 있다. 하지만 그 과정까지는 쭉 가야 한다. 그렇
게 1년이라는 시간이 어느 때보다 빠르게 흘렀다. 올해 상반기만큼
스스로 열심히 살아본 적이 없는 것 같다. 잘돼도 불안하고 안 돼
도 불안하다. 하지만 스스로 인생의 통제권을 지고 있는 느낌은 짜
릿하다. 회사로 돌아가고 싶다는 생각을 한 번도 해본 적이 없다.

　매일 과거로만 돌아가고 싶었던 내게, 지금 이 순간이 가장 행복
하다는 느낌을 매일매일 느끼고 있다. 6개월 뒤에 내가 어떻게 변
해 있을까 궁금하고, 1년 뒤가 궁금하다. 모르겠다. 하지만 존버할
자신은 있다. 오래가는 에너자이저처럼 끝까지 갈 것이다. 그리고
나와 비슷한 사람들이 같이 성장하는 문화를 만드는 것이 내 궁극
적인 목표다. 같이 버티고 성장하는 그런 사람들과 함께하고 싶다.

규율이
곧 자유다

초·중·고등학교 과정을 모두 끝내고 수능을 보고 대학생이 되었을 때, 내가 느낀 감정은 딱 하나였다. '자유다.' 지긋지긋한 8시 1교시부터 야자시간까지 쭉 이어지는 시간표도 이제 안녕이다. 매일매일 봐야 했던 나를 괴롭히던 놈들도 이제 안녕이다. 나는 이제 '자유'다. 군대에서 가장 힘든 건 육체적 스트레스보다 정신적 스트레스다. 엄격한 상하관계와 활동반경의 제한 등을 경험해보면 내가 가진 자유라는 게 얼마나 소중한지 깨닫게 된다.

그렇게 나는, 아니 아마 여러분들도 나와 비슷한 경험들을 통해 자유의 소중함을 느꼈을 거다. 하지만 딱 여기까지. 내가 대학교를 졸업했을 때, 내가 회사를 퇴사했을 때, 나에게 일정 기간의 완전한 자유가 주어졌을 때, 그렇게 원하던 걸 얻었는데 나는 그 자유를 어떻게 쓸지 모르는 상황이 왔다.

하루는 편하게 누워서 쉴 수 있다. 그동안 못보던 영화도 보고 드라마도 보고 또 하루는 친구들을 만나고 이야기도 하고 술도 먹고 또 하루는 책도 읽고 운동도 하며 보내는데, 어느 날 머리가 어지러웠다.

'아 심심한데 뭘 해야 하지?'

'좋긴 한데, 뭘 해야 할 것 같은데 잘 모르겠다.'

이러한 현상이 장기화되면서 '방향성'을 완전히 잃어버렸다. 아, 내가 이러려고 쉬는 게 아닌데… 만약 당신이 휴학을 해본 경험이 있다면, 휴학 이전에 세웠던 계획과 휴학 이후에 그것이 다 지켜졌는지를 살펴볼 때 이러한 기분을 정확히 느낄 수 있을 것이다.

'아 이럴 거면 그냥 학교나 다닐걸.'

우리는 스스로 의식하지 못하지만, 계속 어떠한 규율에 속해 있다. 대한민국이라는 나라의 법률 속에 행동의 제약을 받으며, 가족의 구성원으로서의 책임감도 느끼고, 학창시절에는 '시간표'와 '시험'이라는 체계가 지배하는 환경 속에서, 그리고 회사에 취직을 하게 되면 회사의 규율 속에서 조직원으로서 생활하게 된다.

그래서 우리는 쉬는 날, 즉 간절히 자유를 찾는 건지도 모르겠다. 매번 어디에 속해 있었으며 정말 자유로운 결정을 내릴 상황이 없었기에. 하지만 반대로 본인에게 무한한 자유가 주어진다면, 우리는 그 자유를 감당할 수 있을까?

나는 이게 참 어려웠다. 막상 원하던 상태가 오면 뭘 해야 할지 모르는 상태가 나를 머리 아프게 만들었다. 시간이 흘러 그 해결책을 역설적으로 규율 속에서 찾을 수 있었다. 다시 말하자면 원칙의 문제다.

'자신만의 원칙'

본인에게 24시간을 자유자재로 쓸 수 있는 시간이 있다고 치자. 어떻게 하루를 보내야 '성공적인 하루'일까? 정답은 자신만의 '루틴'이 있어야 한다는 것이다. 나 같은 경우엔 아침에 일어나면 내가 잤던 침대를 가장 먼저 정리한다. 그리고 나서 5분~10분 사이 명상을 한다. 그다음 오늘 해야 할 일정들을 살펴본 후 책을 5페이지 정도 읽는다. 잘 때는 감사 일기를 쓰고 명상을 하고 잔다. 이 모든 것은《타이탄의 도구들》이라는 책에서 배운 내용이다.

또한 나는 내가 할 일들을 수기로 적기 시작했다. 그리고 그것의 진행사항을 수시로 체크하고 저녁에 최종 체크를 한다. 그다음 다음날 일정을 세운다. 결론적으로 나는 '완전한 자유'를 원했지만 '나만의 규율'로 돌아갔다. 하지만 정말 신기하게도 나만의 원칙으로 하루를 지배할 때, 오히려 '자유로움'을 느낄 수 있다. 하루를 온전히 잘 보냈다는 뿌듯함은 나에게 '성취감'을 주었다.

중요한 것은, 이러한 규율들이 남이 정해준 것이 아니라는 것이다. 회사, 학교, 모임 등의 규칙이 아니라 **내 하루를 내가 설계하고 내가 법칙을 만드는 것이다. 고로 우리는 역설적이게도, 자유 속에서 '규율'을 만들어야 한다. 스스로의 원칙을 세워야 한다.**

조코 윌링크의 《네이비씰 승리의 기술》이라는 책을 보면 "규율이 곧 자유다"라는 말이 나온다. 이는 정말 진리와 가까운 말이라고 생각한다. 스스로를 조절할 수 있는 통제감이 있을 때 오히려 행복하다. 그리고 그 행복감을 바탕으로 성장할 수 있다. 당신의 루틴은 어떠한가? 하루는 어떻게 흘러가는가? 혹시 너무 많은 자유 때문에 아무것도 못하고 있지는 않은가? 면밀히 체크하고 루틴을 만들고 그것을 반복해보자. 오히려 자유로움을 느낄 수 있을 것이다.

Chapter **3**

루저(Loser)에서
위너(Winner)로

컴포트 존을 깨라

준거집단 [reference group, 準據集團]
한 개인이 자신의 신념·태도·가치 및 행동방향을 결정하는 데 준거기준으로 삼고 있는 사회집단

준거집단을 네이버에 검색하면 이렇게 나온다. 고로 내 행동의 근간이 되는 집단이라고 할 수 있겠다. 가장 친한 친구들이 될 수도 있고 부모가 될 수도 있다. 통칭해서 내 환경이다.

"당신은 당신이 가장 많이 보는 사람 5명의 중간이다."

위에 문구를 나는 전적으로 동감한다. 실제로 그렇다. 우리는 나와 비슷한 사람과 가까이 하고 나와 다른 사람을 멀리한다. 끼리끼리 논다는 것은 사실은 상당히 과학적인 결론이며 팩트다. 지금 당신이 가장 많이 만나는 친구 또는 사람 5명을 종이에 적어보자. 아마 대체적으로 당신과 비슷한 성향이며 비슷한 행동, 생활패턴을 가졌을 확률이 높다.

당신이 근본적으로 변하지 못하는 이유는 무엇일까?

여러 가지 이유들이 있지만, 나는 '환경이론'을 가장 믿는다. 공부를 잘하는 친구들은 자기들끼리 어울려서 공부를 더욱 잘하게 된다. 아이를 가진 어머니들은 같은 고민을 가지고 서로를 만나고 서로와 가까워지며 정보를 공유한다. 중학교, 고등학교에 노는 친구들은 그들만의 서클을 만든다. 흔히 '일진'이라고 불리며 문제 학생들도 그들끼리 어울리고 기행을 저지른다.

나 또한 마찬가지다. 나는 외동아들이다. 부모님은 어렸을 적부터 맞벌이를 했기에 집에 오면 아무도 없었다. 당시에는 외로움이라는 감정을 전혀 몰랐지만 아마 비슷한 감정을 느꼈던 것 같다. 그렇기에 누군가 사람을 만나고 싶었다. 당시에는 핸드폰도 없었기에 무작정 축구공 하나만 들고 학교로 나갔다. 학교로 나가 보니 볼을 차는 친구들이 있었다. 그렇게 우리는 같이 볼을 찾고 친구가 되었다. 그리고 당시의 나와 친한 친구들은 대부분 축구를 했다.

대학생 때는 학교에 참 불만이 많았다. 아니, 사실은 학교가 싫은 것보다는 '학교 다니는 나'가 싫었다. 친구들과 어울리는 것도 힘들었다. 사실은 의욕도 없었다. 그런데 자세히 둘러보니 나랑 비슷한 느낌의 친구들이 있었다. 부정성으로 똘똘 뭉친 사람들. 그렇게 우리는 친구가 되었다. 우리는 입에 욕을 붙들고 살며 '부정적인 말'을 기본언어로 사용하고 있었다.

당신의 지금 환경은 어떠한가?

당신은 어떤 사람들과 어울리는가?

그리고 그들에게 어떤 영향을 받는가?

당신이 기본적으로 성장이 더디고 발전이 느린 이유는 여기에 있다. 당신이 만나는 사람은 정말 딱 당신 수준이다. 서로 서로가 맞다고 합리화시켜준다. 이는 반대로 다른 시야를 배제하게 된다. 우리가 맞고 세상은 틀리다고 생각하게 된다. 그렇게 우물 안 개구리가 된다.

'컴포트 존(Comfort Zone)'이라는 단어가 있다. 우리가 안전하게 활동할 수 있는 범위를 뜻하는 단어인데 이는 장소의 측면도 있지만 심리와 행동의 측면도 있다.

간단히 예를 들어보자. 평소에 자기주장을 잘 못하는 A라는 친구가 있다. 이 친구가 옷을 사기 위해 백화점을 갔다. 매장 점원은 이 옷이 어울린다며 A에게 열심히 세일즈를 한다. 하지만 A는 사실은 이 옷이 그렇게 맘에 들지는 않는다. 하지만 계속 잘 어울린다는 점원의 말에 '그래 한번 입어볼까? 뭐 나쁘진 않은데'라는 생각을 하게 되고 스스로 합리화하게 된다. 그렇게 A는 결국 그 옷을 사게 되고 집으로 향하게 된다.

A가 만약 "이 옷은 마음에 들지 않아요. 다른 옷을 보고 싶어요!"라고 말했다고 쳐보자. 누군가에게는 매우 쉬운 주장이지만, 한평생 자기주장을 못한 A에겐 무척이나 힘든 일이다. 그런 그가 이런 주장을 한다는 것은 정말로 큰 용기를 낸 행동이라고 할 수 있다. 하지만 그의 용기 덕에 그는 정말로 자신이 원하는 옷을 살

수 있을 것이다.

이게 컴포트 존을 깨고 나간 사례다. 집과 같은 생활 반경에서부터 마음속에 강한 거부감이 올라오는 것들까지 우리가 그물 지어 놓은 '고정관념' 안에서 살아간다. 하지만 우리가 지속적으로 컴포트 존에 머물러 있는 한 우리는 기존에 해오던 행동밖에 하지 못한다. 이 옷이 마음에 안 들지만 결국엔 살 수밖에 없다는 것이다. 그리고 당신이 속한 집단은 이게 어울린다고 강화시켜준다.

물론 당신이 속해있는 집단은 잘못되었으니 지금 당장 바꿔야 한다고 말하는 것이 아니다. 다만, 당신이 인생에 불편함을 느끼고 있다면 만족스럽지 않은, 발전적이지 않은 삶을 살고 있다면 당신의 '준거집단'을 명백히 다시 되돌아봐야 한다. 그럭저럭 합리화하고 있는 삶보다 지금 낭비되고 있는, 불만족을 느끼고 있는 당신 삶이 훨씬 중요하기 때문이다.

그리고 다시 재배열해야 한다. 당신이 원하는 사람들과 어울려야 한다. 당신을 합리화해주는 사람들이 아니라, **당신이 정말 되고 싶은 당신에게 자극을 주는 그런 사람들을 직접 찾아가야 한다.** 자, 그러면 어떻게 변화할 것인가?

준거집단 변화로
찾은 행복

"자리가 사람을 만든다."

이 말을 많이 들어봤을 것이다. 나는 이 말이 진리라고 생각한다. 그 구체적인 사례로 내가 준거집단을 변화시킨 경험을 소개하겠다.

20대 중반부터 다양한 책을 읽기 시작했다. 독서토론모임을 직접 만들어서 운영을 하며 다양한 사람들과 토론을 했다. 또한 아는 지인의 추천으로 삼고초려 끝에 S-CODE라는 재능개발 모임에 들어갔다. 또한 회사를 다니게 되었으며 DID 대표이신 송수용 대표님 강의를 수료했다. 매주 대표님을 만나면서 대표님의 생각들을 배웠다. 어떻게 살아야 하는가에 대한 끊임없는 질문들을 주셨다. 그리고 그러한 고민을 가진 사람들을 많이 보게 되었다. 우리는 같은 고민들을 가지고 있었다. 나이는 상관없었다. 나보다 어린 친구부터 주부까지 우리는 같은 주제로 만났다. 나와 비슷한 가치관을 가진 사람들과 지속적으로 교류를 하게 되었다. 자연스레 가장 친했던 축구동아리 친구들과는 만남 횟수가 줄어들게 되었다. 이때 나는 처음 느꼈다. 내가 우물 안 개구리라는 것을.

내가 알고 있던 세계와 완전히 다른 세계가 존재한다는 것을 알았다. **내 주변의 사람들은 항상 나에게 좋은 자극을 주었다. 다양한 사람을 소개시켜줬고 '기회'를 주었다. 나 또한 그들과 지속적으로 어울리고 싶었다. 그래서 더 열심히 살았다.** 그래서 지금 이 책도 나올 수 있었다. 내가 회사를 그만두고 강사를 할 수 있었던 것도, 디지털 노마드의 삶을 살기로 결심한 것도 꾸준히 실행할 수 있었던 것도 변화된 내 준거집단의 환경 때문이었다. **지금은 그런 좋은 기운을 주고받는 사람들과 가까이 있어서 행복하다.**

누군가에게 자랑하려고 이 이야기들을 쓴 것이 아니다. 나 같은 우물 안 개구리도 변할 수 있었다는 걸 말하고 싶었다. 그리고 그 '변화'라는 것이 엄청난 결단을 내려야 하는 것이 아니다. 과거의 나도 나였고 지금의 나도 나다. 나는 내 과거를 숨기고 싶지 않다. 단지 나는 과거의 내가 마음에 안 들었고 환경의 변화를 '선택'했을 뿐이다.

이는 우리가 집을 벗어나 독서실에 가는 것과 같다. 집에서 집중이 잘되는 사람도 있겠지만 집은 정말 많은 유혹거리들이 있기에 항상 지고 만다(나만 그런가?). 하지만 독서실에 가게 되면 조용한 분위기, 집중하는 사람들을 보면서 나 스스로도 동기부여를 받는다. 그렇게 우리는 공부하는 환경을 '선택'한 것뿐이다. 그리고 그러한 선택으로 인해 더 나은 성적표를 받게 될 가능성을 높인 것이다. 사람도 마찬가지다. 본인이 정말 꿈이 있다면, 발전하고 싶다면 주변 환경을 바꿔라. 그러면 더 나은 결과물을 위해 한 단계 더 도약하게 될 것이다.

변화로 가능하게 하는 힘, 수용성

이 글을 읽는 당신은 분명히 자기계발의 욕구가 충분한 사람일 가능성이 높다. 또는 지금의 상태보다 더 발전하고 싶은 욕망을 가질 가능성 또한 높다. 그러니 지금 현재의 상태에 '불만족'하고 있을 수밖에 없다(물론 그러지 않기를 바란다).

만약 당신이 '불만족'하고 있다면 그 이유는 무엇일까?

돈에 대한 불만족? 삶에 대한 불만족? 인간관계에 대한 불만족? 그 무엇이든, 당신이 '불만족'을 느끼는 것들에 대해 확실한 것은 당신은 지금 '실패하는 방식'으로 접근하고 있다는 것이다.

당신이 지금 연애를 못하고 있는가? 바빠서 연애할 시간이 없다고 하겠지만 아니다. 당신은 지금 연애에 '실패'하고 있는 것이다.

하루 10시간 계속 일을 하지만, 돈을 버는 수준이 크게 나아지지 않았다고? 그렇다면 어떻게 돈을 벌 것인지에 대해서 '접근 자체'가 잘못되고 있는 것이다.

기분이 조금 불쾌할지도 모른다. 하지만, 대부분은 이게 사실이다. 당신은 지속적으로 안 좋은 결과를 내고 있으면서 계속 안 좋은 방식을 고수한다. 그 방법을 고칠 생각을 하지 않는다. 왜냐하면 그것이 편하기 때문이다. 그대로 사는 것만큼 편한 것은 없기 때문이다. 원래 '변화'라는 것은 고통스러운 것이다. 즐거운 변화는 거의 없다. 당신이 지금까지 가지고 있던 '사고방식'을 버리는 행위는 사실 지금까지 당신이 살았던 삶을 '부정'하는 것과 크게 다르지 않다. 하지만 그 과정이 없다면 성장속도도 더딜 수밖에 없다.

나에게 연애상담을 위해 찾아오는 친구들을 보면 모두 다 각자의 사정들이 있다. 하지만 한 2시간정도 이야기를 나누다 보면 이 사람이 얼마나 변할 수 있을지, 또는 얼마나 시간이 걸릴지 대충 파악이 가능하다. 그리고 이 감은 생각보다 훨씬 정확하다.

가장 빠르게 변하는 친구와 정말 오랜 시간이 걸리는 친구의 차이점은 바로 '수용성'이다.

수용성을 네이버에 검색해보면 '어떤 것이 다른 것으로부터 무언가를 받아들이는 것'이라는 정의가 나온다. 가장 빠르게 변화하는 친구들은 이 수용성 정도가 매우 높다. 그는 자기 스스로의 현재 상황을 정확히 인지하고 받아들인다.

예를 들어보겠다. 10번의 소개팅을 했다고 쳐보자. 5번의 성공과 5번의 실패라면 당연히 개인의 '호불호'와 '선호도' 차이가 명확하게 드러난 결과이다. 우리 모두는 누구한테나 사랑받을 수 없고 그냥 싫어하는 사람도 있기 때문이다. 하지만 10번의 소개팅에서

1~2번, 아니면 1번도 성공하지 못한다면 그 원인은 명백하게 '자기'에게 있다. 10번의 기회 동안 스스로의 '매력'을 제대로 전달하지 못한 방식을 지속적으로 반복하고 있다는 이야기로 귀결된다.

빠르게 변화하는 친구들은 이런 현재의 상태를 스스로 정확하게 인지한다. 자기가 잘못되었다는 걸 받아들인다. 그리고 새로운 개념들과 이성에게 어떻게 어필해야 할지에 대해서 새로운 방법을 최대한 빨리 받아들이려고 노력한다. 그리고 그걸 바로 써먹는다. 그렇게 최대한 활용한다. **말 그대로 '수용성'이 높은 상태다.** 이러한 친구들은 나를 찾아오고 나서 1번의 상담 또는 1달의 코칭 과정 정도면 끝난다. 나조차도 보고 있으면 놀라울 정도다.

하지만 빠르게 변화하지 못하는 친구들은 정확히 이와 반대라고 보면 된다. 자신의 '에고'가 굉장히 강하기 때문에 자존심도 세다. 잘되고 있지 않으면서 스스로의 방법이 맞다고 이야기한다. 자신의 현재 상황에 대한 생각은 없다. 자기가 무엇을 어떻게 받아들일지에 대한 고민보다는 '의심'이 더 세다. 이는 몸이 아파서 병원을 찾아 갔는데 약 처방을 받고 '약이 왜 이렇게 크지? 혹시 이상한 거 아니야?'라고 의심하면서 약을 먹지 않는 행위와 비슷하다.

이러한 친구들일수록 더 많은 정보를 찾을 가능성이 높다. 많은 유튜버 영상을 보고 '음 나는 오늘 이러한 이론을 익혔어. 오늘 발전했구만'이라고 자위할 가능성이 높다. 하지만 실제는 머릿속에 하나하나 지식만 쌓이지 그걸 실제로 자기의 잘못된 행동과 바꿀 생각은 하지 않는다. 행동은 그대로지만 머릿속에 지식은 늘어난 상황. 지식이 쓰레기가 되는 상황이다.

나는 멍청했다. 고등학교 때 아이큐 검사의 결과가 정확히 기억이 나지 않지만 2자리였던 것 같다. 그래서인지, 생각을 하는 시간이 필요 이상으로 많지 않았고 타인의 소중한 정보를 얻으면 우선 실행해보려고 했다. 그리고 수정하고 다시 시도하고 그러다보니, 빠르게 교정 할 수 있었다고 생각한다.

고로, 우리가 정말 발전하고 싶다면 우리 스스로를 냉정하게 재점검해봐야 한다. 당신이 계속 결과적으로, 반복적으로 '실패'를 경험하고 있다면 당신 자체에 문제가 있을 가능성이 크다. 내가 말한 문제라는 것은 당연히 사람 자체에 문제가 있다는 이야기가 아니다. 그 지속적인 실패를 겪고 있는 분야에 대한 이야기이다. 이는, 자신이 어떠한 행동을 하는 사고방식의 문제일 수도 있고, 아니면 정말 방법 그 자체의 문제일 수도 있다.

그런데 다행히도 당신이 어려움을 겪는 분야에 대한 정보들은 세상에 널려 있다. 시중에 당신을 도와줄 정말 많은 책들이 있고, 전문가들이 있다. 절대 책들을 대충 읽고 다 읽었다라고 생각하지 마라. 그 분야에서 최소한 한 가지는 삶에 적용할 것을 찾고 그걸 그대로 삶에 적용해라. 그리고 나한테 맞네 안 맞네라고 판단하면 된다. '이건 맞을 거야, 안 맞을 거야, 귀찮아'라는 다시 과거로 돌아가는 것과 마찬가지다.

위기를 모르는 상태에서 실수를 하는 것보다 더 큰 위기는 당신이 '위기'임을 알았음에도 불구하고 아무것도 하지 않았을 때이다. 지식의 저주. 그게 가장 큰 위기다.

당신의 수용성 정도는 어떠한가? 그리고 지금 어떤 행동을 할 것인가?

평범하기 때문에
모든 것을 할 수 있다

문득 어제 저녁에 봤던 TV프로그램이 생각났다. 'TV 속에, 영상 속에 나오는 사람은 정말 특별한 삶을 살까? 나와 내 주변에 대부분의 사람들은 그렇지 못한, 평범한 사람들인데 우리는 그걸 그냥 소비하고 시청하는 것이 우리가 할 수 있는 최선일까?'라는 생각이 들었다.

평범한 것은 과연 누가 정의한 걸까?

초등학교와 중학교를 나와야 하고 고등학생이 되면 '수능'이라는 목표를 가지고 달려야 한다. 대학생이 되면 학점관리를 해야 하며, 교수 눈에 잘 띄어야 취업에 유리하다. 고등학교 때까지 연애를 하지 못했다면 20살 이후로는 이성친구도 만나봐야 한다. 1학년이 지나면, 남자는 군대를 다녀와야 하고 군대를 전역하고 나서는 다른 무엇보다 취업이 중요하다. 학점관리를 보다 적극적으로 해야 하고 대외활동, 공모전 등을 통해 이력서에 쓸 내용들을 추가

시켜놔야 한다. 그리고 본격적으로 취업시즌이 되면 자소서에 올인 해야 한다.

한 번도 생각해본 적이 없었던 내 장점과 단점에 대해 고민해야 하고, 평소에 생각도 안 해봤던 회사에 지원동기를 즙 짜듯 짜내야 한다. 결국 자소서를 쓰면서 내 이야기이긴 한데, 너무 과장됐다는 사실을 지울 수 없다. 면접장에선 업무에 찌든 인사담당자 앞에서 세상을 다 구할 수 있는 패기를 보여줘야 하며 그렇게 몇 개월에 대장정을 거친 '취직과정'을 거치면 다시 회사라는 시스템에 적응해야 한다. 그게 합리적이든 불합리하든 회사 분위기에 어긋나서는 안 되며, '첫 월급'이라는 것에 위안을 삼게 된다.

그때부터는 미래를 위해 돈을 모아야 한다는 압박감을 받게 되고 이성친구를 만날 때도 결혼을 어느 정도 고려하고 만나게 된다.

과거엔 돈만 있으면 모든 것을 할 수 있을 줄 알았는데 오히려 시간이 없다. 주말에는 평일에 쌓인 피로감을 풀기 바쁘다. 잠을 푹 자야 하고, 그동안 못 만났던 친구를 만나서 술 한잔하면 주말도 지나간다. 그렇게 20대가 지나가고 30대가 온다.

너무 내 생각만 적은 걸까? 아마 대부분의 사람들은 이와 비슷한 20대의 패턴을 유지하고 있을 거라고 생각한다. 글을 쓰면서도 씁쓸함이 남는다. 누가 이렇게 살라고 하지 않았는데, 당연히 이렇게 살아가고 있었다는 것에 '옳다는 것은 무엇인가?'라는 의문도 생긴다.

물론 이러한 시스템에 편안함을 느끼는 사람도 많다. 그것 모두를 부정하고 싶은 것은 아니다. 하지만 나는 그런 생각이 들었다. 우리 모두는 분명히 각자의 잠재력이 있고 매력이라는 것이 존재하는데 그 모든 것을 원천 봉쇄하고 획일화시키고 있지는 않나 생각이 들었다.

나는 외동에 부모님이 맞벌이로 일을 하시다보니, 집에 혼자 있는 일이 많았다. 하루에 말을 10마디 이하로 하는 날도 많았다. 그러다 보니 생각이 많았다. 20대 초반부터 애늙은이처럼 생각을 많이 했다. 당연한 건 무엇이고 그 당연함은 누가 만드는가에 대해서 고민했던 것 같다. 하지만 내 치열했던 20대도 결국엔 남들과 같은 '시스템 안에서의 고민'이었다. 근본적으로는 돌고 도는 뫼비우스의 띠 같은 20대를 지나 30대에 왔다.

시스템을 벗어난 삶은 사실은 불안하다. 사업을 한다는 것, 내 콘텐츠를 판다는 것. 생각지도 못한 갈등 상황들이 있고 나를 좋아하는 사람만큼 나에게 적대적인 사람들도 있다. 시스템 안에 숨었으면 이런 일도 없었겠지만 시스템 밖의 삶은 위태위태하기도 하다.

'시스템 안의 편안함'을 포기한다는 것은 둥지를 떠나 온갖 위험한 세계로 나가는 것과 같다. 하지 않아도 따박따박 월급이 찍히는 삶이 바뀌어, 정말 아예 수입이 없을 수도 있다는 사실에 불안감을 느끼기도 한다. 하지만 그와 동시에 느끼는 감정은 명백히 내가 살고 싶었던 삶을 살고 있다는 것이다. 명확하게 말하고 싶다. 나는 지금 불안하지만 행복하다. 절대 과거로 돌아가고 싶지 않다.

그리고 우리가 생각하는 '평범함'을 다른 시선으로 볼 수 있게 되었다. 내가 지금 글을 쓰는 것은 평범하기 때문에 쓸 수 있는 것이고, 내가 사업을 하는 것도 평범하기 때문이다. 내가 누군가의 연애를 지도할 수 있는 것도 평범했기 때문이고, 영향력을 끼칠 수 있는 것도 평범하기 때문이다. 우리 모두는 평범하기 때문에 사실은 모든 것을 할 수 있다.

내가 정말 탁월했다면 오히려 아무 행동도 하지 않았을 것이다. 내가 금수저였다면 내가 열심히 살려고 노력을 했을까? 여러분에게 묻고 싶다. 여러분이 정말 금수저였다면 인생에 열정을 가지고 열심히 살려고 노력했을 것 같은가? **나는 내 평범함에 감사한다. 내 결핍에 감사한다.**

나는 정도의 차이가 있지만 우리 모두는 어느 정도는 '관종(관심이 매우 필요한 사람)' 끼를 가지고 있다. 사람들이 돈을 원하는 것도, 성공을 원하는 것도 그 이면을 살펴보면 '인정 욕구'에 기반한 경우가 많다. 그리고 인정 욕구는 사람이라면 가지고 있는 당연한 욕구이다. 그래서 나는 결심했다.

이왕 관종인 거 제대로 해보자라고.

'평범하기에' 잃을 게 없다. 그냥 하자.

그렇게 생각했던 것들이 조금씩 '결과물'로 나오고 있다. 이 과정을 즐기다 보면 분명 어느 시점에 도약이 있을 거라고 믿어 의심치 않는다. 1년 뒤에 내 모습이 기대되는 것만큼 짜릿한 것은 없다.

나 또한 이런 감정을 가져본 적이 없었다. 하지만 평범한 우리들은 지금의 것들을 모두 바꿀 잠재력이 있는 사람들이다. 제발 내 책을 보고 읽는 사람 모두가 '이런 놈도 하는데 나도 할 수 있다'라고 느끼길 간절히 바란다.

지금 다시 밖을 바라보니, 하루 종일 내리던 비가 그쳤다. 비가 오고 비가 그치는 것, 날이 덥고 날이 추워지는 것. 이 모든 것도 자연의 법칙이자 '평범한 것'이다. 평범한 날에 평범한 일들. 나는, 당신은 세상을 어떻게 바라볼 것인가?

오늘의 선택이
내일을 만든다

《회복탄력성》이라는 책에 나온 내용이다. 알코올 중독에 걸린 아버지를 둔 2명이 있다. 2명의 공통점은 어려서부터 아버지의 술 취한 모습에 많은 노출이 되었다는 것과 그로 인해 아버지로부터 상습적인 폭행을 당했다는 것이다. 그들이 성인이 되었다. 과연 그들은 어떻게 되었을까?

1명은 우리 모두의 예상대로 아버지의 그 습성을 자기도 모르게 물려받게 되었다. 힘들 때마다 술을 찾게 되었고 나를 이렇게 만든 건 아버지 탓이라며 깊은 원망을 하게 된다. 삶에 있어서 패배주의적 생각이 지배하고 역시나 그 모든 것은 부모 탓이라며 인생을 허비한다.

반면에 다른 1명은 자신의 후대에는 아버지와 같은 환경을 물려주지 않겠다고 굳은 결심을 하게 된다. 자신이 당했던 학대와 자신의 살아야 할 삶은 '별개'라고 인식을 하고 전혀 다른 삶을 살게 된다. 자신의 일에 최선을 다한 끝에 전문가가 되었고 결혼을 해서는 그가 과거에 결심한 것과 같이 '좋은 아버지'가 되기 위해 노력한다.

둘은 같은 환경에 노출되어 왔다. 그렇지만 전혀 다른 길을 가고 있다. 왜 그렇게 되었을까?

우선 하나 집고 넘어가야 할 부분이 있다. 그들이 알코올 중독자 아버지로부터 상습적인 폭행을 당한 환경은 그들이 스스로 선택한 것이 아니라는 것이다. 객관적으로 바라보아도 그렇다. 그들에게 부모를 선택할 수 있는 방법은 없다. 냉정히 말해 태어나 보니 아버지가 알코올 중독자 아버지였던 것이다. 하지만 그러한 환경에 어떻게 대처할 것인가는 스스로가 결정한다. 그 책임은 온전히 자신에게 있으며 자신이 선택한 대로 인생은 바뀐다.

'문제 상황'에 대해 어떻게 반응하느냐에 따라서 인생이 달라진다.

부정적인 생각을 계속하는 사람에게는 세상 모든 일이 부정적으로 보인다. 당연히 세상을 대하는 방식, 그리고 세상이 그를 바라보는 방식 또한 부정적으로 다가온다.

반대로 긍정적인 사람은 사람들 반응 하나하나가 자기를 공격한다고 생각하지 않는다. 사람을 그 사람 자체로 존중하게 되고 좋은 에너지를 주변에 나눠준다. 그렇기에 좋은 사람들 역시 그 옆에 있다. 정말 긍정적인 사람 옆에 있어본 적이 있는가? 적어도 그 자리에서만큼은 나도 초긍정적인 사람이 된다.

우리 가족은 객관적으로 바라볼 때 화목한 가정은 아니었다. 아버지, 어머니는 늘 돈으로 싸웠으며 그 불똥은 나에게 튀었다. 편안하지 않는 집이기에 그 불안감은 내 학창시절에 그대로 노출되었다. 스스로에 대한 자신감은 없었고 나는 무척이나 소극적인 그런 아이가 되었다. 그리고 사춘기가 지나갈 때쯤, 부모님을 탓하게 되었다. 가족을 원망했다. 내가 이렇게 친구들에게 얻어맞는 게 부모 탓이라며 스스로에 대한 책임감을 지워갔다. 그렇게 군대를 다녀왔지만 여전히 그때의 어린아이는 나를 떠나지 않고 내 마음속 깊숙이 자리 잡고 있었다. 그러다 우연히 책들을 읽게 되고 강연을 접하게 되었다. 모든 자기계발 책들과 강연들은 나에게 하나같이 말해주었다.

"너의 과거가 어쨌든, 너는 행복할 권리가 있고 그걸 선택할 자격이 있는 사람이야."

뻔해 보이는 문구, 누구나 할 수 있는 말이지만 이러한 문장을 읽고 많이 울었다. 누구 하나 나에게 이러한 말을 해준 사람이 없었다. 나의 운명이라는 것은 정해져 있는 줄 알았다. 책과 강연들, 그리고 좋은 멘토들 덕분에 나는 내 삶을 적극적으로 선택하기로 마음먹었다. 과거의 나를 놓아주기로 했다. 그리고 절대로 반복하지 않기로 했다.

새로운 사람을 만났고 새로운 환경에 나를 노출했으며 새로운 것들을 찾았다. 당연히 하루, 일주일, 1년 만에 변하지는 않았다. 늘 새로운 생각과 새로운 것을 한다는 건 항상 '두려움'과의 정면승부였다. 트라우마와의 정면승부였고 이기기도 했지만 지기도 했다. 하지만 포기하지 않았다.

그렇게 작지만 나에게 이로운 선택들을 계속했다. 학창시절과 군대시절 폭력을 당했던 한 아이는 누군가에게 자기 이야기를 들려주는 강사가 되었다. 사람이 너무나 어려웠던 아이는 누군가에게 올바른 연애관을 전달해주는 연애컨설턴트가 되었다. 그리고 주변에는 나를 지지해주는, 내가 본받을 수 있는 사람들이 있다.

누구나 변할 수 있다. 하지만 변하는 것도 선택하는 것이다. 오늘의 결과는 어제로 인한 것이다. 그리고 오늘의 결과는 내일을 보여준다. 어제의 다른 선택은 다른 오늘을 만들고 그것이 쌓이면 다른 미래를 만든다. 우리는 선택해야 한다. 과거처럼 늘 그렇듯 살 것인가?

아니면 스스로 온전히 책임을 지는 삶을 택할 것인가? 스스로 행복해지고 싶다면 행복하려는 선택들을 해야 한다. 귀찮고 힘들고 두렵다. 하지만, 그것이 유일한 길이다. 그것이 우리의 '사명'이라면. 그리고 그것이 다른 미래를 보장해준다면. 한번 해볼 만하지 않을까?

그래서 당신은 지금 어떤 선택을 할 예정인가?

자기합리화 대신
솔직하자

삶의 혼돈을 직시하고 정면으로 맞서라.

혼돈의 바다를 정조준하라!

– 조던 피터슨, 《12가지 인생의 법칙》 –

솔직하게 고백할 것이 있다. 과거의 나는 나를 정말 많이 속여 왔다. 냉정히 말하자면 정신승리를 많이 해왔다. 나를 정말 실망시키는 것은 무엇일까? 실패라는 결과?, 주변 친구의 배신? 분명 모두가 좋은 상황은 아니다. 하지만 정말 나를 좀먹는 것은 사실 '자기기만'이다. 좀 더 정확히 말해서는 내가 무엇을 해야 하는지 알지만, 그것을 '귀찮음', '두려움' 등의 이유로 피하는 것을 말한다.

사실 이는 진화적으로 보았을 때는 무척이나 올바른 대응 방식이다. 순간순간이 생명과 직접적으로 연관된 '부족사회시대'에 사람은 두려움을 느꼈을 때 본능적으로 피하는 편이 오히려 그들의 생명을 지속하는 데 유리했을 것이다.

하지만 중요한 건 21세기, 4차 산업 혁명의 현대의 시대에서 피해가며 산다는 것은 무척이나 반진화적인 삶의 양식이다. 이 시대는 자기 PR을 하지 않으면 아무도 나를 알아주지 않는다. 당신이 정말 맘에 드는 사람에게 "관심 있어요"라고 말하지 않고 '저 사람이 나를 좋아하지 않은 게 분명해'라는 합리화로 '기회'를 놓치고 있는 것은 안타까운 일이다.

내가 글을 쓰기 전에는, 제약업 그중에서도 영업이 내 업무였다. 솔직히 말하면 제약영업 분야에서 실패한 영업사원이었다. 영업에 가장 큰 특징은 스스로 계획을 세우고 그것을 지켜나가고 결과를 내놓는 것이라고 할 수 있다. 일을 하다가 저녁쯤이 되면, 항상 내가 무엇을 더해야 하고, 어떤 부분에 신경을 써야 하는지 스스로 알 수 있다. 하지만 문제를 외면하는 경우가 많았다. 거래처에서 '문전박대'를 당하는 게 무서웠기 때문에 거래처를 방문하지 않았고, 거래처가 나를 귀찮게 할 것 같다는 이유로 깊게 유대하지 않았다. 그렇게 내 실적은 무너져갔고 나는 회사에서는 능력 없는 사원이 되었다.

대학교 1학년 땐, 그냥 학교가 가기 싫었다. '수능'이라는 당시에 인생 최대 목표가 끝나고 나니, 더 이상 공부 자체가 하고 싶지 않았다. 하지만 내 머릿속에서 나에게 했던 말이 들린다.

'너 지금 이러면 안 돼. 나중에 분명히 후회하게 될 거야.'

이런 마음속에 말을 무시했고 결국 1학년에 학점 0.87이라는 성적표를 받게 됐다. 그리고 군대를 다녀와서 후회 속에, 4학년 2학기 계절학기까지 듣는 고생 아닌 고생을 하게 된다.

할 말을 하는 성격인 나는, 친구들에게 '솔직하다'라는 평가를 많이 듣는 편이다. 하지만 정작 솔직해야 할 대상은 따로 있었다. 바로 '나'이다.

그렇다면 나에게 솔직하다는 것은 무엇일까?

사실은 간단하다. 내가 어떤 판단을 내리기 전, 어떤 선택을 하기 전, 마음속에 감정과 생각들은 미리 반응한다.

'이건 이렇게 해야 돼.'

'너는 지금 네 친구에게 정중하게 사과해야 돼.'

하지만 그 사실을 외면하고, 우리는 스스로를 합리화하게 된다. 문제의 본질을 상황과 상대방에게 돌리고 피해자 코스프레를 하게 된다. 그리고 이것은 습득되고 습관이 되며 스스로 본질을 회피하고 합리화를 하고 있다는 사실조차 느끼지 못하게 된다.

나 역시 마찬가지였다. 사실은 지금도 매일매일이 투쟁과 같다. 내 성격이 소심하고 남자답지 못한 것은 부모 탓이었고 내가 일을 대충대충 한 것은 날씨와 거래처 탓이었다. 하지만 정말 솔직하게 나는 알고 있었다. 정작 문제는 '내 탓'이었다는 것을.

우리가 인생을 사는 목적은 무엇일까? 돈을 많이 벌기 위해서? 인생의 배우자를 만나기 위해서? 아이를 낳기 위해서? 모두 다 맞다. 하지만 그 모든 것에 궁극적인 목표는 '행복하기 위해서'이다. 자기를 속여서는 절대 행복할 수 없다. 스스로에게 떳떳해야만 남에게도 떳떳할 수 있다. 만약 당신이 자기를 속이고 싶고, 속여야 하는 상황이 올 때는 본인에게 말해보자.

"지금 내가 나를 속인다면, 나는 행복해질 수 없을 것이다."

스스로에게 정직하라. 그랬을 때 훨씬 더 행복할 수 있을 것이고, 진정한 자유를 느낄 수 있을 것이다. 오늘도 나는 나와의 싸움을 하고 있다.

심리적 장벽을 무너트리기 위해
인사부터 해라

우리는 하루에 얼마나 많은 사람을 만날까? 아침에 일어나면 가족부터 시작해서 집을 나서서 지나치는 이웃들, 경비 아저씨 그리고 버스나 지하철과 같은 대중교통을 이용하는 사람들을 보게 될 것이다. 회사에 도착하면 직장 동료를 만날 것이고, 일을 마무리하고 퇴근을 하면 다시 가족이나 친구들을 만나게 될 것이다.

맞다. 우리의 일주일을 잘 살펴보면 주 5일은 만나는 사람만 만나게 될 가능성이 높고, 주말 2일이라고 해봤자 크게 다르지 않을 가능성이 높다. 나 역시 마찬가지였다. 다르지 않은 일상의 반복들. 그렇게 1달이 가고 1년이 갔다. 새로운 사람을 만나는 것을 원하면서도 원하지 않는다. 귀찮고 피곤하다. 사실은 두렵기도 하다.

대학생활과 사회생활을 하다보면 '인싸'인 친구들을 만나게 된다. 누구를 만나도 편하고 누구를 만나도 친해지고 그런 사람들이 꼭 내가 속한 모임에는 하나씩 있었다. 솔직히 부럽기도 했다. 하지만 '피곤한 짓이야'라고 스스로 합리화하면서 지금의 내 모습이 좋다고 스스로 자위하곤 했다. 그렇게 나는 오랜 기간 동안 내향적인 성격을 가졌다고 스스로 확정짓고 살았다.

사람의 기본적인 성향은 내향적 그리고 외향적으로 나뉘게 된다. 나는 아주 어릴 적부터 '내향적인 성향'을 가지고 살고 있다. 많은 사람들을 만나면 피로감을 느낀다. 어떤 사람을 만나서 좋은 이야기를 하면서 동기부여를 받기도 하지만, 내가 힘들고 피로할 때는 다른 사람을 만나는 행위보다는 '혼자 편하게 쉬는 것' 그 자체가 내 에너지를 회복하는 방법이었다. 실제로 내가 회사를 다닐 때 주 5일을 일을 하면, 주말에 술을 먹고 친구를 만나서 이야기를 하는 것보다는 혼자 노트북 하나 들고 카페에 가서 영화를 보고 아무것도 안 하는 것, 그 자체가 스트레스 해소의 도구였다. 반면에 외향적인 성향을 가진 사람은 혼자 있는 걸 못 견뎌했다. 그들은 사람을 만나서 에너지를 얻고 다시 달릴 수 있는 동기를 얻는다.

이러한 성향 기질은 바뀔 수 없다고 생각한다. 나도 속칭 인싸가 되고 싶어서 열심히 까불어보았다. 하지만 하면 할수록 '나와 맞지 않는 옷'을 입는 느낌이라 포기하게 되었다.

이러한 내성적인 내가 사회생활을 통해 배운 것이 있다. 모든 기회, 가능성, 인연, 성장은 아주 명백하게 사람과의 관계가 없으면 아무것도 아니라는 것이었다. 당신이 아무리 일머리의 천재여도, 엄청난 창의성을 가진 사람이어도 누군가와 연결되지 않으면 당신의 가치는 당신이 가진 것보다 발현되지 않을 가능성이 높다. 내가 가진 무언가가 남에게 노출되었을 때 그것이 빛을 발휘하게 된다.

그리고 그러한 정도에 따라 사회성이 높다, 낮다의 기준으로 사람들은 말한다. 불편한 진실은, 사회성은 외향성과 상당히 직접적인 연관성이 있다. 대부분의 사회성이 높은 사람은 나와는 다르게 외향적일 가능성이 높다. 주변을 둘러봐라. 정말 그럴 것이다.

그러면, 나처럼 내성적인 사람은 사회성을 포기해야 하는 부분일까? 아니다. 그렇지 않고 그래서도 안 된다. 내가 시도했던 사례들을 통해서 내성적인 사람이 어떻게 사회에 다가갔는지 말해보겠다. 이것이 나와 같은 내성적이고 내향적인 사람에게는 확실히 도움이 될 것이다. 우선 나라는 사람을 객관적으로 바라봤을 때, '새로운 환경, 새로운 사람'과의 만남이 불편하다는 것을 알 수 있었다. 변화를 주기 위해서 처음부터, 새로운 사람을 만나서 편하게 말을 걸어보고 새로운 자리에 나가서 '리더' 역할을 하는 것은 '심리적 장벽'이 너무 높았다. 그래서 방법을 달리했다. '심리적 장벽'을 차근차근 부수는 방식으로 전략을 정했다.

기본 전략은 다음과 같았다.

"새로운 영역을 늘려나가자. 다만, 부담스럽지 않게 내가 할 수 있는 선에서 내 반경을 넓혀 나가자."

가장 처음 할 수 있는 것이 무엇인지 생각해봤다. 머리를 굴리고 굴리니, '경비 아저씨'에게 인사하기라는 결론이 나왔다. 평소의 나는 경비 아저씨, 동네 이웃들에게 인사조차 하지 않았다. 사실 옆집에 누가 사는지도 관심이 없었다. 하지만 생활 반경의 확장이라는 목표를 가지고 하나씩 안 해봤던 것들을 실천했다.

첫날은 그냥 대뜸 경비아저씨가 계시는 경비실에 들어가서 인사를 했다. 다음날 엘리베이터를 같이 타는 주민에게 인사를 했다. 그다음 날은 버스아저씨 그리고 그다음 날은 택시아저씨에게 인사했다. 매일매일 내가 하지 않은 것들을 하나씩 시도했다. 물론 택시아저씨의 정치 이야기로 조금 지치긴 했다. 하지만 그래도 버틸 만했다. 한 3주정도 되었을까? 변화된 포인트들이 있었다.

1. 주변 사람들이 나에게 인사를 해주었다. 경비아저씨도 나에게 인사를 해주었다.
2. 처음엔 경비아저씨에게 말을 건넸다는 것조차 어색했지만, 한번 하고 나니 두 번째는 더욱 쉽게 이야기했다. 일주일이 지날 때는 짧지만 개인적인 이야기까지 할 수 있게 되었다. 나중에 가서는 고생하신다고 박카스까지 사서 드리는 사이가 되었다.
3. 세상 사람들이 내가 생각한 것만큼 차갑지는 않았다. 대부분 고마워했고 이야기를 잘 들어주었다. 나이를 막론하고 유대감을 형성할 수 있었다.

이런 과정을 겪고 이제 실전으로 들어갔다. 새로운 모임에 참석해본 것이다. 사람들 앞에서 발표도 해보았다. 3주간의 체험판(?) 같은 경험으로 예전과 같은 바로 감정적으로 올라오는 '불편함'이 많이 해소되었다. 처음엔 말도 더듬고 만족스럽지 않았지만 2번, 3번이 되자 훨씬 더 편하게 내 이야기를 할 수 있었다. 듣는 사람들도 훨씬 괜찮아졌다고 칭찬해주었다.

3개월 이상이 지났다. 다양한 부분에 '노출 빈도'를 늘렸다. 누군가를 만나도 내 이야기를 건넬 수 있었다. 그리고 내가 말을 하지 않아도 그냥 그 자리에 머무는 것에 어색함을 느끼지 않게 되었다. 어색함을 견디는 힘도 생겼다.

내가 외향적이 됐을까? 아니다. 명백히 아니다. 여전히 나는 어떤 모임에서든, 새로운 사람을 만나든, 이끌거나 분위기를 주도하는 것은 여전히 어렵고 피곤함을 느낀다. 그리고 여전히 힘들 때나 피곤할 때는 '혼자 쉬는 것'이 가장 좋다. 하지만 누군가를 만나도 내 이야기를 할 수 있게 된 것은 확실했다. 그때부터 과거보다 훨씬 더 많은 기회와 인연들이 찾아왔다. 좋은 사람들을 많이 만났다. 세상은 차갑지 않았다. 내가 손을 내밀지 않았을 뿐이었다.

인간은, 사람은 '사회적인 동물'이다. 당신이 누군가와 관계를 어려워한다는 것을 이해할 수 있지만 핑계가 될 수 없다. 필연적으로 관계 속에서 기회가 나온다. 그 관계가 처음부터 어려운 사람들이 있다. 나처럼. 하지만 우리 같은 사람들도 할 수 있다. 인싸가 될 필요가 없다. 그러면 분명하게 알게 된다. **세상은 우리가 생각한 것만큼 냉정하지 않다. 기회는 열려 있고 사람들은 우리를 도와주려고 한다. 이러한 믿음을 꼭 가졌으면 좋겠다.**

얇고 넓은 지식이
당신을 매력적으로 만든다

나는 제법 수다꾼에 속한다. 사실 아는 것은 많이 없지만 어떤 사람과 어떤 주제로 이야기해도 어느 정도의 지식을 가지고 이야기할 수 있다. 당연히 내가 모르는 부분에 대해서는 모른다고 이야기한다. 《지적 대화를 위한 넓고 얕은 지식》이라는 책을 아는가? 이 책의 제목처럼 무언가를 습득할 때 전문적으로 알아야 하는 부분이고 있고 얕게 알아도 될 부분이 있다. 나는 인간관계의 분야와 무자본 창업과 같은 부분에 대해서는 더욱더 깊이 공부한다. 내 전문분야이고 내가 계속 실력을 업그레이드하지 않으면 도태됨을 알기 때문이다.

하지만, 그 이외의 것들은 깊은 지식을 추구하지 않는다. 나에게는 컴퓨터의 운용원리와 컴퓨터의 역사는 중요하지 않다. 하지만 어떤 컴퓨터 사양에서 내가 하고 싶은 게임이 돌아가는지는 중요하다. 마찬가지로 나는 세상 모든 직업을 다 알지 못한다. 하지만 일반적인 사람들이 택하는 직업들에 간단한 특징 정도는 기억하고 있다. 다양한 사람을 만나다 보면, 모두 다른 직업을 가지고 있는 것을 알게 된다. 물어본다. 그렇게 얕게 하나씩 지식이 쌓여간다. 그러면 다른 사람과 만났을 때, 같은 직업이 나왔을 때 이야기의 물꼬를 보다 쉽게 틀 수 있다.

세상에 수많은 지식들을 모두 다 알아야 하고 모든 사람을 다 깊게 알아야 한다는 것은 우리 뇌를 너무 과대평가한 것이다. 한 권의 책을 다 읽어도 일주일 만에 모두 다 까먹어버리는 내 뇌로서는 한 권의 책을 읽고 단 한 가지만 실행해도 정말 최선을 다해서 노력하고 있다고 생각한다.

이제 조금 더 사람과 사람의 사이로 들어가보자. 여러분이 여러분의 친구를 만난다. 어떤 이야기들을 주로 하는가? 여러분이 자기계발 모임에서 사람들과 대화를 하게 된다고 가정해보자. 어떤 이야기를 하는가? 또한 만약에 당신이 정말 맘에 드는 이성을 눈앞에 두고 있다. 여러분은 어떤 이야기를 나누는가?

자, 바로 이러한 부분에서 지적 대화를 위한 넓고 얕은 지식이 힘을 발휘한다. 내 사례를 들어서 이야기해보겠다. 나는 친구들을 만나면 내 이상과 꿈에 대해서는 거의 이야기하지 않는다. 아마 여러분이 주변 친구를 만나도 그럴 것이다. 유희를 즐기기 위한 자리에서 너무 진지한 느낌을 주면 분위기가 산으로 갈 가능성이 크다. 조금 더 일상적이고 평범한 주제로 대화를 자주 나눈다. TV, 가십거리, 정치, 스포츠, 회사에 대한 고민, 새로 만나는 이성 등의 범주를 크게 벗어나지 않는다.

나는 뉴스 중에 스포츠와 연예란, 그리고 실시간 검색어와 같은 것들도 때때로 확인한다. 그리고 이런 것이 절대 시간낭비라고 생각하지 않는다. 당연히 이 부분에 집착하는 것은 엄청난 시간 낭비다. 연예인 A의 열애설이 내 인생을 책임져주지도 않고 부러워할 필요도 없다. 하지만 메인 뉴스만 읽어도 무엇이 중요한 이슈인지 알 수 있다. 나는 신문활자를 읽지 않지만 매일 네이버에 들어가서 정치, 경제, 정보란에 높은 조회 수 글들을 읽는다.

　음, 오늘 미국에서 금리를 인하했네? 근데 이게 무슨 의미지, 그러면 네이버에 '미국 금리인하'를 검색한다. 그리고 타 블로그나 네이버 지식인 등의 글을 보고 이해한다. 딱 이 정도 수준까지만 파고든다. 이런 식으로 세상 돌아가는 것들에 대한 기본적인 관심을 가지려고 한다. 어느 날은 하루 종일 나무위키만 보는 날도 있다. 나는 이러한 행위들이 시간낭비라고 생각하지 않는다.

　나는 올해 32살이다. 하지만 20살을 만나도 40살 형님을 만나도 그에 맞춰서 대화 주제를 편하게 가져갈 수 있다. 어린 친구들과 만났을 때는 조금 더 가벼운 주제들 위주로 이야기한다. 흥미 그 자체를 목적에 맞춰 이야기한다. 40세의 형님과 만나서는 조금 더 깊게 이야기하게 된다. 육아와 인생사, 정치, 결혼 등과 같은 대화들을 이야기한다. 당연히 나는 육아나 인생, 정치, 결혼 등에 대해서 깊게 알지 못한다. 하지만, 얕을 지식을 익힌 내 의견을 말하기도 하고 상대방의 의견을 듣기도 한다. 들으면서 배우면서 얕은 지식은 조금 더 선명한 지식으로 업그레이드된다. 대화를 하면서 배우는 일석이조의 효과라고 하겠다.

이성을 만났는데 어떤 이야기를 해야 할지 모르겠다는 질문을 자주 나에게 물어본다. 나 역시, 이 부분에 대해서 과거에 정말 크게 고민이 많았던 사람이다. 남자와 여자간의 대화에는 일정한 공식이 있는 건지 많은 생각을 했다. 물론, 일정한 공식은 있다. 상대에게 지속적으로 내 가치를 보여줘야 하고 어느 정도의 전략도 필요하다. 하지만 상대방의 성향 그 자체는 내가 어쩔 수가 없다.

이게 무슨 말이냐면, 노는 걸 좋아하는 친구에겐 내가 인생을 사는 법, 돈을 버는 법에 대해서 아무리 이야기해도 그냥 재미가 없을 뿐이다. 반대로, 인생을 정말 진지하고 열심히 사는 친구라면 내가 가벼운 이야기들만 한다면 나와 잘 맞지 않는다고 느낄 가능성이 커진다. 이러한 상대방의 성향을 판단하는 방법은 결론적으로는 사람을 많이 만나보는 수밖에 없다. 그러다 보면 상대방이 어떤 느낌의 대화를 좋아할지 판단이 간다. 나는 그것에 맞게 그 정보들을 상대에게 말하면 상대방도 비슷한 느낌으로 따라온다. 매력을 느낄 확률도 높아진다. 상대방도 나와 비슷한 성향이라고 느끼는 것은 매우 강력한 매력요소다. 이러한 경험이 더욱 많아질수록 나의 감은 더욱 정교해진다.

이 모든 게 가능하려면 당신이 얼마나 얕게 많이 알고 있느냐가 중요하다. 지식의 중요성은 사람마다 다르다. 하지만 사람들과 대화에는 입에 오르는 일정한 이야기들이 있다.

가십거리, 연애, 스포츠, 정치, 사회, 실시간 이슈 그리고 그러한 뉴스들을 통해서 자신이 모르는 것들을 알아가는 최소한의 과정들. 그리고 그걸 가까운 사람과 최소한의 이야기를 해보는 작업들.

우리는 자본주의와 공산주의에 대해서 100분 토론을 할 필요는 없지만 최소한 자본주의와 공산주의에 대한 기본개념 정도는 알아야 경영학과 친구와 이야기할 수 있다. 축구에 축 자도 모르지만 손흥민이 토트넘에 있고 롤 잘하는 사람으로는 페이커가 있다는 걸 알아야 스포츠광 친구와 이야기를 나눌 수 있다.

자신의 지식 깊이가 얕다고 해서 전혀 쪽팔려 하지 마라. 그놈의 자존심과 전문가가 되어야 한다는 심리 때문에 더 많은 것을 놓친다. 어떠한 분야에 대해서 최소한의 것들로 대화를 할 수준만 되는 것만으로도 충분하다. 모르면 물어보고도 얕은 지식을 얻어가게 되니 이 얼마나 이득인가? 전혀 잃을 게 없는 장사다. 지적 대화에 방점을 두지 말고 세상 돌아가는 것에 대한 기본 관심 정도면 충분하다.

나는 디자인 그리고 미술 그리고 음악에 대해서 지식이 거의 전무한 수준이다. 그래서 일부러 전시회를 갔다. 크게 이해는 되지 않았지만 흥미를 끄는 작품들이 있었다. 최소한의 흥미가 생기고 이 전시회를 연 사람은 누군지 알게 되고, 어느 시대에 살았고 무엇을 잘하는 것들에 대해 얕은 지식을 얻을 수 있었다. 이게 또 어떤 사람과 만나서는 이야기의 소재로 쓰일 수 있을 것이다. 고등학교 음악 시험 때 불렀던 〈오솔레미오〉 말고는 음악에 전혀 관심이 없었지만, 우연찮게 간 연주회를 통해 '아 이게 바로크 시대의 음악이구나. 바로크 시대는 뭐지? 바흐와 헨델? 아 음악의 아버지와 어머니' 이런 식으로 알아갈 수 있었다.

이러한 지적대화를 위한 넓고 얕은 지식들은 언젠가는 누군가와 만나도 이러한 이야기들로 물꼬를 트게 해줄 것이고, 그것으로 인해서 '기회'라는 것이 찾아올 수도 있음을 알고 있다. 나는 강아지를 별로 좋아하지 않지만 최근에는 강형욱 님이라는 개통령을 알게 되었고 강아지를 어떻게 키워야 되는지도 조금씩 생각하고 있다. 결국 모든 것은 습득의 과정 속에 있다. 배우자. 다만 얕게 배우자. 부담 가지지 말고 스쳐가듯 익히자. 관심을 가지자. 다만 넓게 관심을 가지자. 분명 당신을 보다 매력적인 사람으로 만들어줄 것이다.

처음부터 잘하는
사람은 없다

최근 디자이너분을 만났다. 이분은 국내 가장 유명한 엔터테인먼트 회사에서 일할 정도로 실력이 좋으신 분이었다. 그러던 중, 돌연 퇴사를 하셨다. 그리고 인스타그램을 통해 자신이 직접 디자인한 제품을 올리며 판매를 하고 있다. 매달 순이익은 500만 원 이상이라고 했다. 그러면서 지금 당장 "인스타그램을 시작해야 합니다"라고 말씀해주었다. 그에 관한 팁(Tip)들도 알려주었다. 나는 다음날 바로 라이프빌드업 계정으로 인스타그램을 만들었다. 뿐만 아니라 트위터, 네이버 오디오, 팟빵, 페이스북 계정도 만들었다. 모두 다 내가 하지 않는 것들이었다.

유튜브를 촬영하면 그 음성을 따서 네이버 오디오, 팟빵에 올린다. 블로그에 글을 쓰면 트위터, 인스타그램, 페이스북에 문구를 따서 올린다. 내가 창출해낸 콘텐츠들을 다양한 채널로 손쉽게 퍼트릴 생각을 하니 하루라도 더 빨리 구축해야겠다는 생각이 들었다.

이 이야기를 발전시켜 보자. 내 주변 지인들이 나에게 자주 묻는 것이 있다.

"퇴근 후, 부업을 하려고 하는데 어떤 것을 하는 게 좋을까?"

나는 말한다.

"너의 성향을 보니까 너는 컴퓨터를 갖고 진득하게 하는 것 좋아하니까 우선 스마트스토어를 진행해봐. 진행 과정에 대해서 내가 아는 대로 설명해줄게."

"너 그때 워킹홀리데이 다녀온 거 있지? 그거 글로 한번 써봐. 무엇을 준비해야 하는지, 가서는 어떻게 적응해야 하는지. 이런 내용 분명 매력적일 거야. 그리고 그걸 PDF파일로 만들어서 팔어. 크몽 같은 사이트에 올리면 분명 수요가 있을 거야."

어떻게 되었을까? 아쉽지만 정말 소수만 제외하고는 시작조차 하지 않는 경우가 대부분이다. 그래서 이유를 물어보면 다음과 같다.

"너무 바빠."

"아직 내 내용이 너무 부족해."

"과연 내가 팔 수 있을까?"

아쉽지만 누구나 바쁘다. 그리고 누구나 시작은 부족하다. 누구나 처음부터 잘 파는 사람은 없다. 대부분의 사람들은 어떤 '기회'가 오면 그 기회의 가능성을 바라보지 않고 '위험'을 먼저 본다. 이해도 된다. 돌다리도 두들겨보고 건너라고 했으니. 위험을 먼저 보는 것까지는 오케이다. 하지만 더 심각한 것은 대부분 '잘해야 된다는 압박' 때문에 시작조차 하지 못한다는 것이다. 처음부터 잘하는 사람은 1%도 안 된다는 것을 기억했으면 좋겠다.

내가 디자이너분을 만나서 이야기를 듣고 바로 나에게 적용하는 것은 시간이 들어가는 작업이다. 각 채널의 알고리즘도 분석해야 하고, 한다고 해서 처음부터 잘할 거라고 보장도 없다. 특히나 나의 디자인 능력은 하위 3%다. 하지만 잘해야 한다는 부담감을 없애고 나서부터 나는 오히려 시작할 용기들을 많이 얻었다.

지금 대부분의 것들도 사실 처음부터 잘했던 것은 아무것도 없다. 해보니까 재밌는 것, 나에게 맞는 것, 결과가 나오는 것들이 있었고 그걸 조금 더 노력해서 발전시켰을 뿐이다. 실제로 내 블로그에 초기 글들을 보면 정말 내가 봐도 수준이 높지 않다. 그래도 꾸준히 썼다. 1년을 쓰니까 최소한 봐줄 정도는 글을 쓸 수 있게 되었다. 그리고 1년이라는 시간이 흐르니, 나를 좋아해주는 팬들도 생겼다. 이 모든 것이 처음부터 1,000명의 팬을 생각하고 썼으면 중간에 지쳤을 것이다. 유튜브도 마찬가지다. 2달 만에 7,500명을 모았지만 그전 8개월은 지인까지 포함해서 200명을 겨우 모았다.

서울대를 나오면 성공할 확률이 높다. 당연히 자신의 중·고등학교의 대부분의 시간을 공부에 올인 했을 것이고, 그러한 희생에 대한 대가를 받을 가치가 충분히 있다. 하지만 서울대를 나오지 않았다고, 명문대를 나오지 않았다고 성공 가능성이 없는 것은 아니다. 내가 자주 가는 떡볶이 집 아주머니는 30년 전부터 한자리에서만 떡볶이를 팔았다. 건물을 사셨고 즐기면서 사신다. 우리의 처음 시작에 대한 '결과에 대한 지나친 걱정'은 마치 "나는 서울대를 나오지 않았어. 나는 안 돼"라고 말하는 것과 똑같다. 당신이 명문대를 나오지 않아도 스스로 취업할 길을 찾을 수 있고 또 전략적인 선택들(대외활동, 학점, 자소서 등)을 통해 자신이 원하는 직무와 회사에 도전할 가능성을 찾아갈 수 있다.

첫술에 배부른 것은 없다. 항상 이야기하지만 인생에 한방은 없다. 쉽게 온 것은 그만큼 쉽게 달아난다. 애초에 내 것이 아닌 것이다. 시작할 때는 시작 그 자체에만 초점을 두자. 우선 하루에 10분씩 하는 것 그것만으로도 성공이다. 그것이 쌓여 작은 성취가 나오고 그 작은 성취가 자신이 원하는 결과로 자연히 이끌게 된다. 그리고 이 과정에 정답은 없다. 내가 무엇이 맞을지, 어떻게 내가 부업으로 돈을 벌게 될지는 모른다.

시작이 없으면 추가수익도, 자신의 발전도 없다. 시작할 용기를 가지자. 그리고 절대 잘해야겠다고 생각하기 보다는 시작 그 자체로 성공이라고 생각하자. 한 달에 한 가지씩 새로운 것에 도전하는 것도 좋다. 결과는 장담할 수 없다. 그러니까 오히려 결과에 너무 속박되지 말자. 여러분이 오늘 시작할 수 있다면 그것 자체로 한걸음 앞서나가는 것이다. **더도 말고 시작. 그것 자체에 집중하자.**

8년의 시간 동안 내가 느낀 것은 세상은 정직하다는 것이다. 이 정직은 도덕적으로 정직하다는 의미가 아니다. 시간을 투자한 만큼, 절실한 만큼 그것에 따라 결과가 나온다는 것이다. 그리고 그

초반 과정은 무척이나 외롭고 괴롭고 도망가고 싶다. 하지만 어느 시점이 지나면 아주 조금씩 결과들이 찾아온다. 그 결과는 처음엔 너무 작을지도 모른다. 하지만 그때부터 스노우볼로 굴러간다. 계속 굴러가는 스노우볼은 주변 눈과 합쳐지고 점점 더 커진다. 그 어느 시점을 위해서 나는 지금도 매일 스노우볼을 굴리고 있다. 1년 뒤에 내 모습이 기대가 된다. 과연 얼마나 성장해 있을까? 자존심, 그런 건 없다. 자, 다시 치열한 전장 속으로 들어갈 시간이다.

Chapter **4**

나 같은 놈이
해내는 방법

사람들 사이에
기회와 성공이 있다

소개팅에 나갔다고 가정해보자. 본인 스스로는 매우 매력 있는 사람이라고 생각한다. 자신 있는 당신은 여자 앞에서도 당당하다. 충분히 매력 어필이 이루어진 것 같다고 스스로 생각하고 당연하다는 듯 '에프터' 날짜를 잡는다. 하지만 여자의 반응이 이랬다.

"죄송하지만, 저랑은 인연이 아닌 것 같습니다. 더 좋은 사람 만나시길 바랄게요!"

그래 한 번은 그럴 수 있지, 하지만 그 이후에 몇 번의 만남에서도 마찬가지다. 계속된 거절, 거절, 거절…. 과연 이 사람은 매력 있는 것일까? 매력 없는 것일까?

내가 이 이야기를 꺼낸 이유는 매력을 키우라는 단순한 이야기가 아니다. 당신 스스로가 매력 있다고 생각해도 그걸 알아주는 여자가 없다면 그 매력이라는 것도 의미가 없다는 것이다. 당신이 생각하는 매력은 사실은 당신만의 착각일 가능성이 크다. 이와 마찬가지로 당신이 아무리 어느 분야에 전문가이든, 고수이든 그것을 누군가가 '알아봐야' 그게 의미가 있다. 고로 우리는 하나의 결론에 이르게 된다.

"나의 가치는 나의 가치를 알아봐주는 사람이 있어야 빛을 발한다."

    인간은 사회적 동물이다. 본인 스스로가 독립적인 것도 좋고 자기 혼자 있을 때 일 효율이 잘 나오는 것도 좋다. 하지만 당신이 당신의 가치를 팔고 싶다면, 당신이 가진 것을 알아주는 사람이 무조건 있어야 한다. 연애를 하고 싶다면, 상대방이 있어야 하는 것처럼.

    다행인지는 모르겠지만 지금 시대는 '온라인'으로 충분히 소통이 가능하고 또한 온라인 시장에서 자기 가치를 충분히 만들 수 있는 시장이다. 하지만 그 역시, 온라인에서 나를 원하는 '사람'이 있어야 한다.

    내가 갑자기 빠르게 성장한 이유는 명백하게 '사람'이다. 나는 퇴사를 하고 월 100만~200만 원의 수입을 벗어나지 못했다. 더욱 심각한 것은 내가 무엇을 어떻게 해야 할지 모르겠다는 것이었다. 31살에 살기 위해 뛰어든 알바시장은 나이라는 진입 장벽이 너무 높았다. 그렇게 답답함을 느끼던 와중 〈솔직한 신대표〉라는 유튜버 분에게 전화가 왔다(나는 신 대표의 스마트스토어 강의 수강생 출신이다. 나보다 어린 친구지만 정말 배울 게 많은 존경하는 대표이다).

    같이 사무실을 쓰지 않겠냐는 제안이었다. 지금보다 나빠질 것은 없을 것 같기에 당연히 그러겠다고 이야기했다. 그렇게 둘뿐인

공간에 파워블로거, 인스타 인플루언서 그리고 스마트스토어를 하시는 분들이 들어와 2020년 1월에는 5명이 되었다. 전혀 다른 분야. 전혀 다른 삶을 산 사람들이 모였다. 그들과 이런저런 이야기를 나누었다. 당시 8개월간 구독자 200명밖에 못 모았던 유튜브 부분을 신 대표의 조언을 토대로 삼아 변화를 주기 시작했다.

방치만 했던 블로그를 파워블로거 덕에 자신감을 가지고 시작했다. 그 결과 유튜브는 2개월 만에 7,000명을 모았고 블로그를 통해 내 강의와 컨설팅을 의뢰하는 비율이 5배 이상 늘었다. 자년의 나와 올해 1월의 나는 사실은 지식 면에서나 태도 면에서는 크게 차이가 없었다. 다만, 주변엔 사람들이 있었을 뿐이고 나의 순이익은 폭발적으로 올라갈 수 있었다.

아주 명백하게 내 주변에 이러한 사람들이 없었다면 나는 성장할 수 없었다고 생각한다. 사람들이 대부분 착각하는 것 중 하나가 자기의 장점을 자기 스스로 잘 안다고 생각하는 것이다. 나도 그랬다. 회사를 들어가기 전엔, 영업직이 내 천직인 줄 알았고 높은 연봉만이 내가 일을 하는 이유라고 생각했다. 하지만 나는 지금 회사에 속해 있지도 않다. 그리고 돈보다 더 중요한 세상에 다양한 가치를 이해할 수 있게 되었다. 다양한 사람들을 만났을 때 그들과 이야기를 통해, 그들이 먼저 해본 경험을 통해 다양한 걸 배울 수 있었다. 그렇게 나는 32살이 되어서야 내 장점을 다시 알 수 있었다.

대부분의 사람들은 당신의 상황을 솔직하게 말하면 도와주려고 할 것이다. 여기서 중요한 것은 '솔직하게'이다. 당신의 상황을 포장하려고 하지 마라. 우리는 자존심 싸움을 할 필요가 없다. 이러이러한 부분이 너무 어렵다고 솔직하게 말해라. 그러면 정말 마법이 일어난다. 그리고 당신 삶에 하나씩 하나씩 적용해 나가다 보면 원래보다 훨씬 성장해 있는 자신을 만나게 된다.

당신이 당신 분야에 정말 전문가라면 당신 주변에 사람이 모일 것이다. 하지만 그렇지 않다면 우리는 직접 사람이 있는 곳에 가야 한다. 이성을 만나려면 이성이 있는 곳에 가야 하고, 자신이 발전하고 싶다면 발전에 욕구가 있는 사람들과 어울려야 한다.

우리는 절대 혼자서 성공할 수 없다. 당신이 하려는 일의 고객들에게 어떻게 하면 자신을 최대한 노출시킬지에 대해 고민해야 하며, 본인 스스로에게는 정말 도움이 될 만한 사람들을 스스로 찾아나서야 한다. 그런 행동들을 반복적으로 하다보면 장담하건대 당신은 더 이상 과거의 당신이 아닐 것이다.

세상을 자기 뜻대로 사는 것은 간단하다. 당신의 뜻과 비슷한 사람들과 어울리면 된다. 거기에 기회가 있고 성장이 있다. 지금 사람들에게 가자. 나를 노출하자.

이미 가진
도구들을 활용하라

이 책은 어떻게 지금 여러분의 손 앞에 있게 되었을까? 나라는 사람이 원래부터 작가의 꿈이 있었고 탁월한 글재주가 있었을까? 단언컨대, 절대 아니다. 책을 써보겠다는 생각은 했지만 나 역시도 '나 같은 사람이 책을 쓸 수 있을까?' 하는 망설임과 주저함에 맞서느라 애썼고, 자신이 없다는 생각을 작년까지도 했다.

작년에는 나는 정말 아무것도 이뤄낸 것이 없었기 때문에 생각을 글로만 적는 연습을 했다. 그리고 그것을 그냥 한글파일로 저장만 해두었다. 하지만 그 과정에서 글을 쓰는 재미를 느낄 수 있었다. 그렇게 매일 적다 보니 글을 쓰는 능력도 늘었다. 지금 와서 보니 예전의 글보다는 확실히 지금의 글이 더욱 세련됐다고 스스로 느낀다(나만의 생각은 아니겠지?).

그렇게 올해가 되었다. 내가 하는 일에 성과가 나오기 시작했다. 작년에 정리했던 생각들이 결과로 나오는 순간들이었다. 성과가 나오는 것들을 하나하나 기록했다. 그리고 어떤 생각이 효과가 있었지라고 스스로 정리해보았다. 빛을 보지 못한 과거에 써놓았던 나의 생각들 그리고 지속적으로 글을 쓰면서 성장했던 글쓰기 실력이 도움이 되어 책이 나올 수 있게 되었다. 책을 써야겠다는 명확한 계획에 따라 책이 출간되었다는 게 아니라는 이야기다. 운이 좋게 때가 되었고 내가 해놨던 것이 시기를 타고 책이 나오게 된 것이다.

이는 무엇을 의미하는가?

당신이 배운 것들이 정말로 언젠가는 쓸모가 있다는 것이다. 이를 비즈니스 유튜버 자청님은 타이탄의 '도구들'을 모은다고 이야기하는데, 정말로 맞는 말이다. 나는 최근 들어 홈페이지 제작 능력 그리고 컴퓨터 코딩 능력은 정말 중요하다고 생각하고 있다. 그래서 공부를 하고 있다.

하지만 아이러니하게도 나는 컴퓨터과학과 출신이다. 21살의 나는 정말 컴퓨터프로그래밍이라는 것을 하기가 싫었다. 너무 하기가 싫었기 때문에 경영학과로 복수전공을 했고 그 이후에는 프로그래밍은 눈도 안 돌려야지라고 생각하고 있었다. 그런데 정말로 그때의 생각들을 후회하고 있다. 내가 그때 제대로 공부했다면 지금의 시행착오를 훨씬 줄였을 것이다.

당신 역시 이것저것 실행을 해보았을 것이다. 유튜브를 보면서 스마트스토어로 월 1,000만 원을 벌 수 있다고 느껴 스마트스토어도 건드려봤을 것이고, 블로그를 꼭 하라고 해서 블로그 역시 시작했을 것이다. 최근에는 주식과 부동산에 관한 이야기가 많다. '한번 해볼까?'라는 생각이 들 것이다. 좋은 정보들이 너무 많다.

그래서 여러분이 지금 하고 있는 것은 무엇인가? 인터넷만 보면 누구나 블로그를 하고 누구나 유튜브를 하는 것 같다. 하지만 내 주위를 둘러보면 유튜브를 하는 사람은 정말 나 밖에 없으며 블로그 역시 미세하게 운영만 하고 있는 사람이 대부분이다. 놀랍게도 나는 단지 실행하고 있다는 것 자체만으로 내 주변에서 상위 1%이다.

우리가 대학교 때 이수한 과목은 어떠한가?

이수한 과목과 전공들, 그리고 지금 하고 있는 일들에 대해서는 그냥 일반인 수준에 비하면 상위 몇 %의 속해 있을 것이다. 이미 우리가 들었던 그 과목에 관한 일에 종사하는 것만으로도 앞서서 시작하는 것이다.

각 분야의 '도구들'이 많아지면 정말로 어느 한 시점에는 그것을 활용할 기회들이 온다. 맨 처음엔 고기를 손으로 먹었다면 우리에겐 칼과 포크 그리고 수저까지 주어진 상황과 같다. 과거보다 더욱 맛있고 편하고 정교하게 먹을 수 있다.

나의 예를 들어보면 나는 스마트스토어에 대해서는 왕초보이지만 공부를 하면서 '키워드'라는 것에 이해력이 높아지고 그것을 그대로 유튜브에 활용할 수 있었다. 또한, 모태솔로에서 연애에 대한 이론적인 공부 그리고 수많은 까임(?) 속에 누군가에게 올바른 연애에 대해 말할 수 있는 연애컨설턴트라는 직업을 가질 수 있었다. 사람들에게 말하기를 좋아했던 경험들은 '강의'라는 것의 기본

이 되었으며 독서를 좋아했던 경험은 '독서모임'을 정기적으로 운영하여 수익화하고 할 수 있게 해주었다. 그때 당시에 '그냥' 해보았던 일들이 지금 와서는 다양하게 결합 되면서 직접적으로 수익의 도구가 되었다. 그러면서 더욱 더 욕심이 생겼다. 더 다양한 도구를 모으고 싶다는.

당신이 관심 있어 하는 것들에서 지금 당장 수입이 생기지 않아도 좋다. 하지만 당신이 실행함으로써, 또는 배움으로써 체득한 것은 평생 남는다. 그리고 그 어느 순간에는 시너지가 난다.

다시 한 번 말하지만 나는 책을 써보겠다고 과거에 생각해본 적이 없었다. 그렇기에 길게 보아야 한다. 지금 당장 수익이 나지 않는 것보다 언젠가는 나에게 써먹을 일이 온다고 생각해야 한다. 우리만의 도구들을 모아 나간다면 분명히 써먹을 날이 온다. 이러한 마음가짐을 가지면 배움의 즐거움을 느낄 수 있다. 자, 다 같이 고기를 먹기 위해 도구들을 모아 나가보자.

관종으로 보여도
나를 어떻게 알릴 것인가?

나를 어떻게 알릴 것인가? 내가 어떻게 나를 알리게 됐는지, 어떻게 퇴사 후 1인 창업가로서 길을 걸어갈 수 있게 되었는지를 솔직하게 이야기해보려고 한다. 이 이야기를 끝까지 읽게 된다면 분명 여러분도 자신감을 얻고 시도해볼 만하다고 느낄 수 있을 것이다. 왜냐하면 정말 아무 정보도 없었던 나조차도 시도했고 지금 이뤄나가고 있기 때문이다.

나는 30살 3월, 제약회사에서 퇴사를 했다. 대학교를 졸업하고 취업만이 정답인 줄 알았고 그렇기에 돈을 많이 주는 제약회사 영업직에 힘겹게 취업을 하게 되었다. 하지만 퇴사 후 경력에 추가할 수 있는 거라고는 영업직 2년밖에 없던 나였다. 그리고 무엇보다 지쳤었다. 2개월간은 정말 신나게 놀았다. 여행도 다니고 밀렸던 영화도 보고 드라마도 보고 정말 잘 놀았다. 그런데 3개월째가 되자 슬슬 불안감이 찾아왔다. 그다음 해 6월에 나는 단순히 경제적인 능력이 없다는 걸 넘어서 '생존'의 위기를 느꼈다. 그때부터 무엇이라도 해야겠다는 압박감을 받았다.

하지만 모든 사람들이 고민하다 싶이 무엇을 해야 할지 도무지 알 수 없었다. 우선 가장 돈을 벌기 쉬운 알바부터 했다. 31살이 되니, 알바시장에서도 찬바람이 불었다. 과거처럼 쉽게 쉽게 구할 수 없었다. 힘겹게 월 50만 원 정도를 알바로 벌게 되었다. 하지만 이것으로는 견적이 나오지 않았다. 그렇다. 정말로 나를 대면할 시간이 온 것이다. 나는 종이와 펜을 꺼냈다. 그리고 내가 무엇을 지금 할 수 있는지에 대해서 적어봤다. 그것이 지금 당장 수익화할 수 있는지는 중요하지 않았다. 지금 '알바생' 신분을 벗어나기 위해서는 일단 다른 무언가를 해야만 했다.

그때 당시에 한창 유행했던 것은 '스마트스토어'였다. 누구나 1,000만 원을 벌 수 있다는 것에 혹했다.

'그래, 일단 내가 컴퓨터를 다룰 수는 있을 정도니 이건 할 수 있겠군.' 그리고 실행하기 위한 것을 적었다.

1번. 스마트스토어

그리고 또 무엇이 있을까를 고민했다. 생각해보니, 나는 24살까지 모태솔로였지만 그 트라우마를 이겨내고 이성친구를 사귀어 낸 경험이 있었다. 그리고 회사를 다니면서 연애를 어려워하는 친구들을 보면서 "이렇게 이렇게 해보라"라는 식으로 조언해준 적이 있었는데 운이 좋게도 대부분의 친구들이 연애에 성공했다. 그러면서 '아 내가 남의 이야기를 듣고 어느 정도는 방향성을 잡아주는 능력(상담 능력)이 조금은 있구나'라고 생각이 들었다. 그래서 다시 적었다.

2번. 연애 상담

마지막 정보 역시 유튜브를 통해 알게 되었다. 블로그로 돈도 벌수 있다고, 그리고 누구나 유튜브를 시작할 수 있다고. 정말 아무것도 없었지만 그래도 컴퓨터는 있고 핸드폰도 있기에 둘 다 할 수 있다고 생각했다. 그래서 마지막으로 적었다.

3번. 유튜브와 블로그.

내가 시작할 수 있는 것이 스마트스토어 그리고 연애상담 그리고 유튜브 그리고 블로그였다.

스마트스토어는 도저히 유튜브만 보고 혼자 할 수 없다고 생각이 들었다. 그래서 오프라인 강의를 찾아가서 들었다. 시도를 했는데 여간 진도가 나가지 않았다. 많은 스트레스를 받았다. 내가 내린 결론은 나랑은 정말 안 맞는다는 결론이었다. 하루 종일 컴퓨터를 만지면서 디테일하게 수정하다 보니 돈은 차치하더라도 몸에 쥐가 나는 듯했다. 컴퓨터 공학과인 내가 전공학과를 못 버티고 이탈했다. 사람을 만나서 이야기하고 소통하는 것은 하루 종일 컴퓨터를 하는 것보단 나았기 때문이다. 가장 먼저 시도를 하게 된 스마트스토어는 보기 좋게 실패로 끝났다.

그러고 나서 2번으로 넘어갔다. 연애 상담을 시작했다. 우선은 주변 지인을 통해 홍보를 했다.

"친구야, 혹시 주변에 연애를 어려워하는 친구가 있으면 나 좀 소개시켜줘."

그렇게 간단한 내 포트폴리오와 불만족시 100% 환불이라는 슬로건을 걸었다. 그러면서 블로그에 연애 관련 글을 올리기 시작했다. 여기서 이제 중요한 발상의 전환이 일어났다. 블로그에 단순히 글을 쓰는 것으로는 내가 충분히 '외부'에 노출되지 않았다. 비유하자면, 내가 강남에 식당을 차렸는데 "저 식당 열었습니다"에서 그쳐 있을 뿐, 다른 사람들이 전혀 알지 못한다는 것이었다.

그래서 내가 선택한 방법은 사람이 많은 곳을 찾는 것이었다. 단순히 사람이 많은 곳을 찾은 것이 아니라 연애에 관해 고민이 있는 사람들이 자주 찾는 곳을 찾았다. 〈디젤 매니아〉라는 카페, 〈포모스〉와 〈YGOSU〉라는 커뮤니티처럼 남자들이 많은 곳을 노렸다. 그리고 하루에 1편, 연애에 관련된 글을 써서 내가 찾은 남자가 많은, 연애가 고민인 사람들과 관련된 사이트에 모두 올렸다. 물론 당장 수익이 생기진 않았다. 그래도 1편을 작성하는데, 1~2시간이라는 시간이 투자될 정도로 최대한 열심히 적었다. 1편, 2편 올리다가보니 사람들이 '반응'하는 것이 느껴졌다. 높은 조회수와 더불어 높은 추천수를 받았다. 그리고 사람들이 내가 누구인지에 대해서 궁금해하기 시작했다. 3편, 4편, 쭉쭉 올리다가 이제 때가 됐다 싶었다. 커뮤니티에 내 글을 읽은 사람들을 내 블로그로 유입시켜야겠다고 생각이 들었다.

그렇게 10번째쯤 되었을 때 내 블로그로 유도를 했다. 신기하게도 그동안 20명~30명밖에 들어오지 않는 블로그가 그날은 1,000명이 넘게 들어왔다. 그리고 블로그에 오는 사람들에게는 더 많은 정보를 제공했다.

커뮤니티와 카페는 기본적으로 홍보글을 당연히 싫어한다. 어떻게 보면 영업방해와 같다. 그러다 보니 커뮤니티에서 강퇴를 당하기도 했다. 몇 번을 해보니 요령이 생겼다. 어떻게 하면 교묘하게 나에게 유입할 수 있을지에 대해서 고민했고 실제로 반응들이 있었다. 그 결과, 기존의 지인밖에 없던 수요에서 폭발적으로 고객이 증가하게 되었다. 더불어 유튜브에서도 성과를 내기 시작하면서 나를 홍보할 수 있는 '블로그와 유튜브'라는 2가지의 채널을 순식간에 가지게 되었다. 나를 알릴 공간이 생겼고 그렇게 사람을 모았다. 그리고 그들에게 '가치'를 제시했고 그것으로 지금까지 버티고 있다.

두 가지를 말하고 싶다.

우선 이는 단순히 내 자랑을 하기 위해서 절대 쓴 이야기가 아니라는 것이다. 나조차도 계속해 나가는 중이고 발전을 위해서 노력하고 있다. 다만, 여러분이 이 글을 보고 있다면 꼭 알아야 하는 것이 있다. 맨 처음 시작할 때 아무것도 없다는 사실이다. 그런데 만약 무언가를 해야 할지 막막하다면 일단 적어봐라. 본인이 시도할 수 있는 것 무엇이든 좋다. 나 역시 그냥 적기부터 시작했다. 그리고 하나씩 간단히 해봐라. 나 역시 스마트스토어를 시작했고 망했다. 하지만 그것이 나에게 월 1,000만 원을 벌어줄지 못 벌어줄지는 내가 직접 해보지 않고는 모른다.

명백하게 그걸 '해봐야' 안다. 우선 이 과정이 가장 중요하다. 무엇이든 시작이 가장 중요하듯이, 당신이 무언가를 하기 전에, "에이 해도 되겠어?", "레드오션이잖아", "나는 안 될 거야"라고 생각할 시간에 그냥 최소한의 시도라도 해봐라.

그러고 나서 2번째는 '관종(관심종자)'이 되어야 한다. 막 이상한 짓을 하라는 것이 아니다. **본인이 하고 있는 일을 최대한 외부에, 특히 온라인 세계에 노출시킬 수 있는 방법에 대해 고민해야 한다. 거기에서 가장 좋은 방법은 블로그다. 블로그에 자신이 하고 있는 분야에 대해서 지속적으로 적어라. 잘 써야겠다는 부담감을 내려 놓아라. 그냥 올려라.** 그런 후에 자신이 다루고 있는 분야에 사람이 많은 곳(커뮤니티 및 카페 등)을 찾아가라. 충분히 검색을 통해 찾아낼 수 있다.

본인이 하는 것이 나처럼 '연애 사업'이라면 네이버 카페에 연애를 검색해서 관련 큰 사이트를 찾고, 큰 커뮤니티를 검색해서 찾아낸다. 그리고 한 편 한 편씩 업로드 해봐라.

또 여기서 '글쓰기 실력이 없어서 안 될 것 같아요'라고 생각하며 주저하는가?

우리에게 주어진 상황은 사실은 비슷하다. 하지만 선택은 각자 다른 선택을 한다. 그리고 그 선택들이 결국 인생을 좌우한다. 눈

딱 감고 해봐라. 그러면 분명 재미도 느낄 수 있을 것이고 지속적으로 노출될 경우 당신 이야기에 파급력이 생긴다. 그리고 그것을 당신이 원하는 대로 컨트롤도 할 수 있게 된다.

글쓰기는 글을 많이 쓰면서 늘게 된다. 처음부터 잘 쓰는 사람은 없다. 하지만 100% 완전히 될 때까지 써야지라고 생각하면 그 시간은 영영 안 올 수도 있다. 우선 시도해라. 그래야 결과도 있고 수정도 있다. 하나씩 하나씩 당신이 할 수 있는 것을 해라. 그리고 그것을 어떻게 퍼트릴 수 있을까에 대한 고민만 있다면 분명히 결과는 따라온다.

존버 정신으로
상위 5%가 되다

　이제 내가 당신이 성공할 수 있는 확실한 공식을 알려주도록 하겠다. 실제 내가 버티는 힘이기도 하고 이러한 과정을 거치면서 지금과 같은 결과를 가져올 수 있었다. 한 가지 질문을 하겠다.

"세상 모든 사람들은 성공을 원하지만 그걸 달성하는 사람은 소수일 수밖에 없다."

이게 존버정신이랑 무슨 연관성이 있을까?

　당신은 누군가의 글(내 글이면 감사하겠다) 또는 어떠한 영상 또는 어떠한 책을 보고 심장이 두근두근거리는 감정을 느껴본 적이 있는가? 오늘부터 제대로 변화하겠다고 선언한 적이 있는가? 그렇다면 당신은 이러한 생각과 감정을 가진 것만으로도 충분히 발전할 가능성이 넘치는 존재이다.

　변화를 원하는 사람들, 결핍이 심한 사람들 모두 다 변화를 하기 위해 마라톤 출발지점에 있다. "인생은 마라톤이다"라는 이야기를 누구나 한 번은 들어봤을 것이다. 지금 그러한 진부한 이야기를 하려는 것이 아니다. 나는 무작정 달리라는 것이 아니라 왜 내 주변 사람들이 수없이 마라톤 경주에서 이탈하게 되는지 이야기를 해보려고 한다.

작년 4월 회사를 퇴사하고 정말 많은 사람을 만났다. 좋은 멘토를 만났으며 1인 사업가, 나와 생각이 비슷한 사람들부터 열등감이 심한 사람, 나를 헐뜯으려는 사람까지 다양한 가치관과 성향을 가진 사람들과 조우했다. 유튜브에서는 누구나 1,000만 원을 벌 수 있다는 이야기가 유행하면서 더욱더 많은 사람들이 돈 벌기 시장에 합류했다. 우리는 서로 경쟁자지만 서로 같이 끌어주는 페이스메이커였다. 출발지점까지는.

11월 한 대표님과 전화통화를 했던 기억이 난다. "대표님 너무 힘듭니다", "하루를 의미 없이 날리는 시간이 많아집니다"와 같은 어려움을 토로했다. 우연히도 이 대표님 역시 나와 비슷한 고민을 하고 있었다. 그렇게 우리는 뭉치게 되었고 수많은 시행착오와 좌절 끝에 버텨나가면서 지금까지 살아남을 수 있었다. 나는 라이프 빌드업이 되었고 나와 통화한 사람은 유튜버 솔직한 신대표가 되었다.

당시 나의 상황은 어떠했을까? 수입적인 측면은 월 100만~200만 원 사이를 왔다 갔다 했다. 멘탈이 나가고 불안한 상황도 자주 왔지만 생존하기 위해서 계속했다. 그러면서 주변을 돌아보았다. 나도 모르는 사이에 나와 같이 으쌰으쌰 달려보자고 했던 사람들의 70% 이상은 이미 나가떨어진 상황이었다. **나 역시 무지하게**

힘든 시기였지만 지금까지 버틴 것만으로도 내가 상위 30%구나라는 생각이 들었다. 이게 존버 정신인가? 조금 더 버텨보겠다는 의지가 생겼다.

　2020년이 됐다. 3월을 기점으로 나는 괜찮은 수익을 낼 수 있게 되었다. 책을 쓰게 됐다. 유튜브 구독자는 1만 명에 다가가고 있다. 나는 주말에도 일한다. 그 대신 평일에 내가 쉬고 싶은 날 쉰다. 사무실에 출근할 수도 있지만 오늘처럼 카페에서 글을 쓸 수도 있다.

　나의 올해 목표는 월 순이익 2,000만 원이다. 운동 또한 열심히 하고 있다. 올해 9월 19일에 바디프로필 촬영을 예약했다. 내가 그동안 놓쳤던 내가 진짜 하고 싶고 되고 싶은 것들에 시간 투자를 할 여유가 생겼다. 당연히 누군가가 보기에는 한없이 모자랄 것이다. 나 역시 깊이 공감하기에 책 읽기와 배움을 소홀하게 여기지 않는다. 매일 메모하고 있고 배우는 자세로 살아가고 있다.

　내가 이런 말을 하는 것은 절대 내 자랑을 하기 위해서가 아니라 오히려 더 성장하기 위한 나의 다짐이고 약속이다. 실제로 자랑할 거리도 전혀 아니다. 8월이 다가오는 지금 시점, 나와 시작한 사람 중에 남은 사람은 솔직한 신대표밖에 없다. 정말로 아무도 남아 있지 않다. 나도 모르게 내가 존버 정신을 지키고 있었던 것이다. 그리고 1년을 버텼더니 5%의 사람이 되었다(이 5%의 기준은 '결과물'이 아니라 버티고 있다는 그 자체가 기준이다).

　이 글을 지금까지 읽었다면 당신은 충분히 변할 가능성이 높다.

하지만 내 주변 사례를 다시 기억하라. **시작은 100% 모두 출발하지만 정확히 1년을 버티는 사람은 10%도 되지 않는다는 사실을. 1년만 제대로 버텨낸다면 당신은 이미 당신의 그 분야에서 충분히 높은 확률로 잘 가고 있다는 것을 의미한다.**

여기서, 그냥 싫어도 존버하자라는 의미로 받아들이지 않기를 바란다. 당신이 직장인이라면 당신의 실적 향상을 위해서 최선을 다하는 1년이 되어야 한다. 당신이 나와 같은 프리랜서이자 사업가라면 시급 단위를 최대한 높일 수 있는 방안에 대해서 최선을 다해야 하고 나라는 브랜딩 가치를 어떻게 최대한 극대화할 수 있을까에 대해 고민해야 한다.

이런 말을 당당하게 할 수 있는 건 내가 철저하게 루저였고 절대 천재적인 창의력을 가지고 있지 않기 때문이다. 누구나 월 1,000만 원을 벌 수 있는 것도 누구나가 아니었기 때문에 가능했다. 이성친구 1명이라도 만날 수 있는 것에서 나는 누구나가 아니다. 인정하라. 거기서부터 시작이다. 우리 같은 평범한 사람들일수록 오히려 존버 정신이 필요하다.

일생일대에 엄청난 기회가 올 수 있다. 쉽게 기회가 찾아올 수 있다. 하지만 그만큼 쉽게 떠나갈 가능성도 높다. 천천히 자신의 길을 가라. 나 역시 지금 카페에서 글을 쓰는 것, 그리고 오늘의 작은 일을 하는 것이 지금 당장 큰 결과를 가져오지 않는다는 것을 안다. 하지만 또 다른 것도 명확하게 안다. 이런 것은 쌓일 것이고 분명히 나에게 어느 순간 거대한 결과로 다가올 것이다. 내 인생에 존버 정신이 이를 증명하기에 나는 확신한다.

견적이 나와야 한다. 당신이 원하는 목표가 있다면 당장 오늘 무엇을 할 것인지, 일주일 안에 무엇을 하고 싶은지에 대한 견적이 나와야 한다. 그래야 오늘의 목표에 집중할 수 있다. 외부에 흔들리지 마라. 당신이 해야 할 것에 집중하라. 그게 쌓이고 쌓인다면, 당신이 존버 정신에 대해서 제대로 이해하고 적용한다면, 당신 그 자체로 이미 상위 5%이다. 할 수 있다. 그렇게 스스로 변화할 것이고 결과물들이 찾아올 것이다.

불확실하더라도
삶의 주도권 갖고 살라

나는 1:1컨설팅을 하면서, 다양한 모임을 직접 운영하면서 정말 많은 사람들을 만났다. 그들 대부분은 모두 성장하길 원한다. 나는 우선 이러한 **'성장하고 싶은 마음'**을 가졌다는 것 그 자체로 이미 어느 정도는 가능성이 충분히 보인다고 말하고 싶다. 당연히 이 책을 읽는 독자 여러분들 역시 충분히 가능성이 있다. 하지만 그것만으로는 충분하지 않다. 내가 1년 반 동안 계속 강의를 통해 이야기해왔던 가장 중요한 부분을 다루려 한다.

"불확실한 상황에 자주 노출될수록 더욱 확실한 상황이 찾아온다."

'불확실한 상황'이라는 것은 무엇일까? 나는 '당신이 불편해 하는 것의 모든 것'이라고 생각한다. 간단한 예를 들어보겠다. 당신이 100명 앞에서 발표를 해야 할 상황이 찾아왔다. 당신 마음속에는 불편함이 올 것이다. 하지만 그 한 번의 경험을 통해 두 번째 이러한 상황이 온다면 조금 더 편안해지는 마음을 느낄 수 있을 것이다.

만약 당신이 해외여행을 처음으로 혼자 가야 하는 상황이 온다면 처음엔 이것저것 신경 쓸 것도 많아지고 귀찮음과 같은 불편한 감정이 올라올 것이다. 하지만 실제로 한 번만 해외여행을 다녀오면 앞으로 여행 계획을 어떻게 짜야 할지, 휴식에 시간을 더 많이 투자할 것인지, 아니면 여행지 방문에 더 많이 투자할지에 관한 명확한 자신의 선택지를 찾을 수 있을 것이다.

만약 여러분이 대인관계에 불편함을 느낀다면 어떤 방법으로 접근할 것인가? 인간관계에 관한 책을 10권을 읽는다면 어떻게 달라질 것인가? 물론 도움은 되겠지만 세상에 수많은 인간관계에 대한 책들이 있는데도 사람들이 여전히 대인관계에 어려움을 겪는 것은 '책'만으로는 해결책이 될 수 없음을 이야기한다.

여기에는 아주 명확한 방법이 존재한다. 당신이 자주 만나는 사람을 벗어나 새로운 사람들이 있는 곳에 자주 노출되어야 한다. 불특정 다수에 나를 드러내는 연습을 하는 것이다. 나의 예를 들어보자. 나는 혼자 있는 것을 좋아했기 때문에 대학교에 들어가서 사람들과 잘 어울리지 못했다. 아는 지인이라고는 몇 명밖에 없었고 그 친구들만 만났다. 지금 와서도 가장 후회되는 것은 내가 왜 중학교, 고등학교, 대학교 때 조금 더 사교적으로 친구들을 만나지 못했냐는 점이다. 친구들이 먼저 다가와주길 바랐지만 세상에 그런 일은 일어나지 않았다.

결국 내가 직접 안으로 들어가는 수밖에 없었다. 나는 그 이후에 많은 **불확실한 자리에 노출되려 노력했다. 인터넷과 소모임이라는 어플을 통해 독서모임부터 사교모임까지 많은 자리에 일부러**

나갔다. 당연히, 처음 몇 번은 아무 말도 못하고 집으로 돌아왔다. 정말 입에서는 아무 말도 나오지 않았다. 더 이상 이러한 것이 반복되면 안 되겠다는 생각이 들었다. 그다음 모임 참여에서는 무조건 옆 사람에게는 먼저 말을 걸자고 스스로 되뇌었다.

어색했지만 옆 사람에게 말을 걸었다. 그다음엔 내 주변 사람 모두에게 말을 걸었다. 당연히 막 친해진 것과 같은 결과물은 없었다. 하지만 어느 시점부터 내 마음속에는 변화가 일어났다. **정말 불편했던 그 자리가 조금은 편해지기 시작한 것이다. 내 스스로 편안한 자리라고 인식하게 되자 평소보다 말도 많아지고 다양한 사람들과 사교를 나누는 스스로를 발견했다.** 지금의 나는 나보다 10살은 어린 친구들과도 다양한 주제로 이야기할 수 있으며, 어르신들과도 무리 없이 이야기를 나눈다.

이는 정말 단편적인 예다. 하지만 세상 모든 이치는 비슷하다. 당신이 무언가를 얻으려면 무언가를 개발하고 싶으면 처음엔 불확실하고 불편한 감정을 피할 수 없다. 그냥 공짜로 주어지는 것은 없다. 하지만 불확실한 상황에 본인이 자주 노출될수록 그 불확실한 상황은 이제 익숙해지고 편안해진다. 인간관계뿐만 아니라 모든 부분이 똑같다.

내가 처음 유튜브를 촬영했을 때 찍은 예전 영상을 보면 표정이 굳어서 어색하기 그지없다. 하지만 최근에는 카메라와 친해진 스스로가 놀랍다. 마치 친구처럼 가까워졌다. 타고난 것이 아니다. 불편한 과정을 겪어냈기에 편해질 수 있었다. 타고나는 사람도 있지만 여러분들 중의 대부분은 나와 마찬가지로 타고나지 않았다. 우리는 현실적으로 접근해야 한다. 다시 한 번 강조하지만, 우리에게 먼저 다가와주는 사람, 기회라는 것은 거의 없다고 생각하는 게 편하다.

그 기회를 찾고 발전시키는 것이 우리의 역할이다. 부담을 가지지 마라. 잘하지 못해도 된다. 다만, 지속적으로 스스로를 상황에 노출하라. 딱 열 번만 해보는 것이다. 다양한 부분을 확장해 나아가라. 여러분은 스스로 모르는 자신의 능력을 발견할 수 있을 것이다.

만약 여러분이 공부를 잘했다면 아마 중학교, 고등학교 시간에 공부한 시간이 다른 평범한 사람들보다 많을 것이다. 이는 공부를 해야 하는 불편함을 매번 감수하고 받아들였을 때, 더 좋은 결과를 받을 가능성이 높아진다는 것을 의미한다. 취업도 마찬가지다. 자소서를 한 개만 딸랑 쓴 사람보다 될 때까지 쓴 사람이 확률이 높을 수밖에 없다.

우리나라에서 가장 인기 있는 직업이 무엇일까? 이견이 있을 수 있지만 '공무원'이라는 직업은 항상 그리고 앞으로도 인기가 꾸준히 많을 것이다. 안정성이 보장되기 때문이다. 많은 사람들은 직업을 선택할 때 안정성이라는 기준으로 선택한다. 나 역시 그 기준이 나쁘다고 생각하지 않는다. 하지만 안정을 추구하는 삶은 분명한 성장의 제한을 가져온다.

매너리즘은 그렇게 찾아온다. 지난 10년이 그랬듯 앞으로의 10년도 발전 없이 흘러간다. 그러다 어느 시점이 되었을 때 '내가 뭘 했지?'라고 후회하게 된다. 20대 때는 "도전해야 돼!"라고 말하는 어르신들에게 "왜 그럼 선생님은 20대 때 그러한 행동을 하지 않으셨어요?"라고 가끔은 물어보고 싶다. 무엇이 중요한지는 지나고 봐야 아는 법이다. 머릿속으로 아는 것과 직접 행동한 것은 엄연히 다른 이야기다. 행동하지 않는 지식은 쓰레기에 가깝다.

내 말을 오해하지 않아야 하는 것이 '기업을 선택할 때 스타트업을 골라라!' 이런 말이 아니다. 회사에 취업할 때는 당연히 기업의 규모나 재정 안정도가 정말 중요하다. 하지만 더 중요한 것은 당신의 마음가짐이다.

"인생은 비정규직이다"라는 말을 나는 좋아한다. 내가 생각하는 인생의 방향성은 다음과 같다. 내가 만약 시간이 흐름에도 불구하고, 앞으로 나아가지 못하고 정체되어 있거나, 안정기가 오래 지속되면 오히려 그건 퇴보하고 있다고 믿는다. 그런 면에서 지금 내 삶은 '비정규직' 그 자체다. 누군가는 나를 보며 "왜 이렇게 피곤하게 살아?"라고 말할 수 있다. 물론 그 의견을 존중한다.

32살에 나는 인생에서 처음으로 내가 삶의 주도권을 지는 삶을 사는 느낌을 느꼈다. 이는 그 어떤 편안함보다 행복하고 놓치고 싶지 않다. 내 삶의 주인이 내가 된 느낌. 말로만 외쳤던 느낌을 지금 느끼고 있다.

"불안정하게 살아!"라고 말하고 싶지 않다. 다만, 당신이 당신의 삶의 주도권을 잡는 삶을 살았으면 좋겠다. 매번 선택되어진 삶에서 선택하는 삶으로 전환했으면 좋겠다. 나도 열심히 발악 중이다. "같이 가면 오래 간다"는 말이 있다. 이 책을 읽는 사람들, 또는 매체를 통해 나를 접하는 사람들이 조금이라도 힘을 받을 수 있고 올바른 선택을 할 수 있다면 많은 보람을 느낄 수 있을 것 같다.

시간이 남아서가 아니라
만들어서 해라

혹시 〈건축학개론〉이라는 영화를 본 적이 있는가? 대학교에서의 풋풋한 짝사랑의 애틋한 감정이 주제인 영화인데 아직까지 내 인생 영화라고 말할 만큼 다시 봐도 풋풋한 느낌들이 찾아온다. 내가 〈건축학개론〉이라는 영화를 처음 본 것은 군대를 전역하고 학교 복학한 2학년 1학기 때였다. 1학년 때는 학교 자체를 거의 안 갔기 때문에 군대를 전역하고 드디어 나에게도 〈건축학개론〉 같은 대학 캠퍼스의 낭만이 찾아올 줄 알았다.

하지만 현실은 여러분이 알다시피 냉정했다. 군대를 다녀오니, 당장 취업에 대한 걱정이 생기기 시작하고 1학년 때 망친 학점을 끌어올려야겠다는 생각에 일반학기 수업은 물론 계절학기까지 빠지지 않고 들었다. 2학년에서 3학년, 4학년이 될수록 여유는 더 없어졌고 내가 생각하는 캠퍼스 낭만은 꿈도 꿀 수 없었다. 역시 영화는 영화였다. 더군다나 취업 준비를 하면서는 경제적으로 궁핍했다.

나도 취업한 친구들처럼 술 한잔 편하게 마시고 싶고, 돈 걱정 없이 취미생활을 즐기고, 이성친구를 만나도 취업 준비생이라는 신분을 벗어나서 당당하게 만나고 싶었다. 그래서 더욱 취업이 간절했다. 이 모든 것이 해결하리라 다짐하면서 이를 물고 준비했다.

취업했던 첫날이 기억난다. 정장을 차려입고 집을 나서는 내 모습에서 드디어 나도 직장인이 되었다는 뿌듯함이 있었다. 나에게도 자유가 왔다라고 느끼며 당당하게 회사 출입문을 열었다. 딱 거기까지였다. 초반 6개월은 군대를 다녀온 이후로 그렇게 빨리 잠들어본 적이 없을 만큼 회사를 다녀오면 바로 곯아떨어졌다. 돈은 벌었지만 시간이 없었다. 주말이 되면 쉬고만 싶었다.

나이가 30이 넘어가자 아주 현실적인 고민들이 올라왔다. 결혼 그리고 집, 거기에다 2세 걱정까지. 누가 나에게 "이런 전철을 밟아야 한다"라고 말해준 것도 아닌데 나 스스로가 그런 압박감을 느끼고 있었다. 그동안 시간은 내가 생각한 것보다 훨씬 빠르게 흐르고 있었다.

이게 내 10년의 역사다. 나만의 이야기로만 느껴지지 않을 것이라고 생각된다. 대부분의 직장인들이라면 비슷한 고민을 하고 있을 것이다. 이 부분에서 정말 할 이야기가 많지만 가장 중요한 이야기를 하도록 하겠다. 나는 20살이 되면 나에게 자유가 올 줄 알았다. 정말로 낭만적인 캠퍼스 생활이 될 줄 알았고 당연히 여자친구를 사귈 줄 알았다. 하지만 그런 내 꿈은 처참히 없어졌다. 나는 취업만 하면 내 모든 문제점이 사라질 줄 알았다. 여자도 만나고 내 취미생활을 즐길 수 있을 줄 알았다. 막상 되어보니 시간이 없고 몸도 피곤했다.

'이것만 지나가면 그때는 정말 내가 원하는 것을 할 수 있겠지?'라는 상상을 하고 있다면 지금 당장 깨라고 말하고 싶다. 우리가 생각하는 중요한 부분들(대학, 취업 등)을 해결함과 동시에 우리가 상상하지도 못했던 또 다른 문젯거리가 찾아온다. 현실은 그 문젯거리를 해결하느라 정작 우리가 원하던 것을 할 시간을 가질 수 없다. 그리고 시간이 흘러 우리가 정말 원하는 게 무엇이었을까 하는 의문과 허무함만 남게 된다. 문제를 해결함과 동시에 새로운 문제가 찾아오는 아이러니한 상황의 반복이다. 그리고 이는 끝나지 않고 반복된다.

당신이 원하는 것은 지금 당장 하라. 절대 미래의 어느 시점에 할 수 있는 시간 따위는 없다. 성공한 모든 사람들은 시간이 남아돌아서 운동을 하고 자신이 원하는 것에 시간을 내는 것이 아니다. 그들은 하루 중에 반드시 자신이 할 것에 대한 시간을 만들어서 그것에 사용한다.

이러한 내용을 접하고 머리에 망치를 맞은 것 같았다. 여유 있어서 운동을 하는 것이 아니다. 여유가 있어서 연애를 하는 것이 아니다. 여유가 있어서 자기계발을 하는 것이 아니다. 지금 하지 않으면 언제 이뤄질지 모르는 것이다.

그래서 나는 퇴근을 하면 무조건 헬스장으로 간다. 몸에 거부반

웅들이 올라오지만 그냥 우선 간다. 그리고 최소한 달리기라도 하고 집에 돌아온다. 여유가 있어서 내가 아침, 저녁마다 명상을 하는 것이 아니다. 해야 하기 때문에 그 시간을 만든 것이다. 우리는 지금 이 시점에서 명확하게 생각해야 한다. 여러분이 국가고시를 앞두고 있거나, 아니면 정말 큰 시험을 앞두고 있다면 그것에 집중하는 것은 맞다.

만약 그렇지 않다면 스스로를 합리화를 하고 있지 않은지 생각해보아야 한다. 바쁜 거 안다. 하지만 정말 솔직하게 스스로 물어봐라. 자기가 정말 아무것도 할 수 없을 정도로 바쁜지에 대해서. 내가 느끼는 **나에 대한 솔직한 감정은 "바쁘다고 느끼지만 사실은 바쁘지 않다"였다. 나는 바쁜 척 하고 있지만 사실은 내가 해야 될 것들과 하고 싶은 것들에 시간을 낼 충분한 여유가 있었다.**

시간은 만들어야 한다. 우리의 미래가 여유롭고 한가하다는 생각 자체는 정말 크나큰 심리적 오류다. 인생은 시행착오의 연속이고 이번 문제를 해결해도 또 문제는 온다. 그렇기에 지금 시작하라. 하루에 5분이라도 좋다. 지금 당장 시작하자. 그러다보면 그 5분도 힘든 내가, 어느 시점에는 1시간, 2시간을 해도 넉넉히 하루를 운용할 수 있는 자신을 보게 된다. 더 이상 미룰 수 없다. 지금 당장 움직여라.

행동하려면 스스로
위기상황을 만들어라

오히려 아는 게 많아서 더 고통스러운 심리를 아는가? 나는 공부나 지식에는 여전히 많이 부족하지만 내가 어떻게 살아야 행복할지에 대해서는 나름 고민도 많이 하고 계획도 지속적으로 짜는 편이다. 하지만 계획을 정교하게 짤수록, 내가 무엇을 해야 하는지 알수록 더욱 고통스러웠다. 내 계획만큼 행동하지 않았기 때문이다. 계획과 행동이 따르지 않는 데서 오는 괴리감이 나를 고통스럽게 했다.

그렇게 하루 이틀 누적이 되면 내가 힘들게 세웠던 계획은 쓰레기통에 버려졌고, 나는 일정 수준의 죄책감과 동시에 '포기하면 편해'와 같은 마음 상태를 가지게 되었다. 그러고 나서 시간이 흘러 회사에 취직해 매일 정장을 입고 출근했지만 회사 생활은 전혀 즐겁지 않았다.

종종 금요일 저녁 퇴근을 하면 일요일까지 집에서 나가지 않고 누워만 있었다. 남들은 '불금', '불토' 이야기를 하지만 나는 금요일부터 월요일 출근에 대한 스트레스를 느꼈다. 그러던 중, 친구들과의 술자리가 있었다. 술을 정말 잘 못 마시는 사람이었지만, 신기하게도 직장생활을 하고 나서부터 술이 늘었다. 솔직히 술에 취한 느낌이 좋았다. 내 현실을 모두 잊어버리게 해주는 그런 마법을 느끼기 위해 술자리에 가게 되면 술을 보다 빨리, 많이 먹게 되었다. 그날도 똑같았다. 적당히 취한 상태에서 친구들에게 말했다.

"나 퇴사할 거다."

친구들의 반응은 한결 같았다.

"XX놈. 너만 힘든 게 아니야 그냥 버텨. 너보다 더 힘든 사람도 많아."

부모님의 반응도 마찬가지였다. 심지어, 집에 돌아와서 스스로 생각해보니 나보다 힘든 사람은 많다는 생각이 들어, 현실을 받아들이고 나를 제대로 파악하기를 거부하며 숨는 생활을 지속했다.

그렇게 또 1년이 지나고 나서야 결국 퇴사했다. 역시나 주변 반응은 응원과 칭찬보다는 우려와 걱정이 많았다. 퇴사 후 2개월 만에 바로 백수생활에 적응을 했다. 다시 예전의 내 모습이 떠올랐다. 무기력했던 20대의 내 모습으로 돌아가는 것인가? 내가 무엇을 해야 할지 알지만 행동하지 않아서 고통받았던 시간이 떠올랐다. 스스로에 대해 생각해보았다. 나는 나를 과대평가하고 있었다.

진화론적으로 보면 우리의 뇌는 자아실현과 계획을 지키기 위해 진화되지 않았다. 오히려 '생존'을 위해 진화되었다. 선사시대의 우리 조상들은 과식이 필요했다. 언제 또 식량을 구할지 예측할 수 없기 때문에 지금 먹을 것이 있을 때 최대한 몸에 축적해놔야 오래 살 수 있었다. 부족사회에서는 모든 사람들에게 자기를 드러내는 것에 조심해야 했다. 그 집단이 이 세상의 전부였기 때문에 섣부르게 자신의 의견을 말하여 집단의 방향과 다르다고 생각되면 죽음을 당할 가능성도 높기 때문이다.

현실로 돌아와보자. 우리의 '생존을 위한 뇌'는 과거 방식 그대로 우리에게 많은 것을 먹으라고 이야기한다. 하지만 현대사회에는 과식은 비만과 여러 가지 질병을 야기한다. 적당히 먹는 게 필요하다. 하지만 우리의 행동은 이런 걸 가볍게 무시한다. 그리고 많은 사람들은 대중공포증을 느낀다. 많은 사람들에게 자기 스스로를 드러내는 것을 어려워한다. 하지만 지금 시대에는 무엇보다 자기 PR이 중요한 시대이다. 그런데 우리의 뇌는 '지금 너의 상황은 생존과 즉결된 위기상황이야'라고 신호를 내린다. 그렇기에 우리는 현대사회에 꼭 필요한 자기 PR의 기회를 놓치고 만다.

진화심리학자는 아니지만 우리가 생각한 것과 행동의 불일치성은 분명히 생각할 부분이 있다. 우리의 뇌는 '생존'을 위해 진화되었기 때문에 자기계발을 위해 내가 하려는 행동들(운동, 영어공부 등)을 오히려 반가워하지 않는다고 생각한다.

예를 들어보자. 집에 빚이 1억이 있다. 그리고 그 이자가 기하급수적으로 는다고 생각해보자. 나는 하루에 2잡, 3잡을 뛰면서 돈을 벌 것이다. '생존'에 위기가 온 상황이기 때문이다. 반면에 평소의 나는 계획을 세우고 그걸 행동하지 않았다. 왜냐하면 그럭저럭 살 만하기 때문이다. 냉정하게 취업을 하지 않아도 집에서 부모님이 주시는 밥 세끼가 있고 집이라는 공간에서 편히 잘 수 있다. 잔소리를 듣겠지만 생존에 위협을 느끼지는 않는다. 내가 계획한 것들을 지키지 않는다고 실망은 하겠지만 빚이 늘지는 않는다.

이렇게 보면 변화와 성장이라는 것은 우리의 본능을 거스르는 과정이다. 내 친구들이 나에게 응원과 칭찬보단 염려와 욕을 하는 것도 사실은 자기 주변에 '특수한 행동(퇴사)'를 하는 친구가 나타났기 때문에 뇌에서는 위기상황이라고 인식하는 것일 수도 있다. 이때부터 나는 내 뇌가 내 편이 아니라는 것을 알았다(물론 나의 몸을 사랑한다).

그렇기에 나에게 위기상황을 스스로 만들어야 했다. 그런 상황을 만들어서 내 주변 모든 사람들에게 내가 바디프로필을 찍는다고 선언했고 만약 체지방 11%를 달성하지 못하면 삭발을 하겠다고 말했다. 또한 운동 단톡방이 있는데 거기에는 주5일 헬스장을 안 가면 벌금을 낸다고 했다. 나는 며칠 뒤 삭발을 할 수도 있다. 유튜브를 봤는데 삭발을 한 상태면 미션에 실패한 것이다.

나는 내 행동을 상황에 가뒀다. 내 스스로 할 수밖에 없는 상황을 만들었고 내 뇌는 이제 '생존'을 위해서는 운동을 해야 한다는 것으로 다시 세팅되었다. 나의 모든 행동은 이러한 것으로 도배되어 있다. 나는 내가 해야 할 것을 '환경'에 집어넣는다. 우선

선언하고 주변에 떠벌린다. 그리고 여러 가지 제약조건들을 걸어놓는다. 누군가는 나를 보고 저렇게까지 해야 하느냐고 의문을 가질 수도 있다. 하지만 아주 명백하게 100이라는 목표를 잡고 열심히 달려야 70이라도 갈 수 있다. 그것도 전력을 다해서 달려야 한다. 선언했으니 주변을 의식하고 행동해야 할 수밖에 없게 만드는 장치다.

　무엇이 행복을 주는가에 대해서 자문하고 그 대답은 '통제감'이라고 스스로에게 말했다. 오늘 하루가 타이트했지만 그걸 모두 다 마무리하고 잠자기 들기 전의 기분을 생각해보라. '오늘 하루 정말 알차게 잘보냈다!'는 감정은 다른 어떤 쾌락과 결과물보다 더 긴 행복감을 주었다. 그리고 그것이 하루 이틀 쌓이게 되었을 때 '내 상태가 행복하다'라는 감정을 느끼게 되었다. 자연스럽게 이 행복감을 지속하고 싶어졌다. 생존의 상황 속에 있을 때, 내가 정말 위기를 느꼈을 때 나는 행동했다. 그리고 그것이 곧 스스로에 대한 통제감으로 이어졌다.

　이러한 상태에 도달하려면, 다시 처음으로 돌아가야 한다. 내 주변, 심지어 부모님, 그리고 내 뇌조차 내 편이 아니라는 사실을 받아들여야 한다. 그리고 자신의 의지력에 대해 과대평가해서는 안 된다. 정말로 의지력이 좋았으면 사실 당신은 불만족을 느끼고 있을 가능성도 희박하다. 그렇다면 이제 환경을 조성해야 한다. 당신이 할 수 밖에 없는, 그런 환경을 만들어야 한다. 생존을 위한 상태로 만들어야 한다.

당신의 목표를 위해 돈을 걸어보라. 주변에 선포를 해보라. 아주 동네방네 떠벌리고 다녀보라. 주변 사람들의 시선, 험담에 신경 쓰지 마라. 그게 주변사람들의 기본반응이다. 당신이 여기까지 자신을 믿고 진행했다면 이미 당신의 목표를 위해 움직이고 있을 것이다. 행동하지 않을 수 없게 된다. 쪽팔리고 거짓말쟁이라는 사회적 낙인만큼 우리의 생존을 위협하는 것은 없다. 그러고 나서 결과로 보여주는 것이다.

나의 경우엔 1년 전에는 유튜브를 포함해서 내가 하는 모든 것들이 조롱의 대상이었지만 지금은 아무도 나에게 그런 이야기를 하지 않는다. 우리는 멋있게 결과로 보여주면 되는 것이다. 준비되었는가? 세상에 당신이 하고 싶은 것을 알리러 나가자.

20대에
꼭 챙겨야 할 2가지

　20대 중반쯤 내가 나의 20대를 되돌아보았을 때 '나는 뭐했지?'
라는 생각이 머릿속을 떠나지 않았다. 열심히 산다고 또 바쁘게 산
것 같은데 남아 있는 것이 별로 없었다. 가슴에 손을 얹고 생각해
보면 보기엔 바쁜데 냉정하게 따지면 바쁘지 않았다. 사실 정신이
없었을 뿐, 충분히 무언가를 할 시간 자체는 충분했다. 하지만 남
는 시간으로 무엇을 할지에 대한 충분한 고민이나 방향성을 몰랐
기에 그 수많은 시간을 의미 없이 보내곤 했었다.

　내가 컨설팅을 하는 친구들 중에 나이가 20대 초반인 친구들이
있다. 나는 그 친구들이 원하는 목표를 달성하기 위해 최선을 다해
노력하는 모습이 안쓰럽지만 한편으로는 부럽기도 하다. 열심히
살고 있는 지금조차도 '조금 더 어렸을 때 내가 무언가를 해야 할
지를 알았다면 좋았겠구나'라고 생각하기 때문이다. 내가 20대로
다시 돌아간다면 어떤 것에 신경을 썼을까는 생각해보았다. "라떼
는 말이야"라는 꼰대로 보지 말고 정말 직접 실천해보고 경험하면
서 느낀 꼭 필요한 것들을 상세히 적어보도록 하겠다.

가장 첫 번째이자 중요한 것은 경험이다.

고생을 사서라도 하라는 이야기가 아니다. 경험은 2가지로 압축할 수 있다. 직접 내가 체험해보는 '직접 경험'과 책이나 강연, 사람과의 대화 등을 통해서 느낄 수 있는 '간접 경험'이 있다.

예를 들어보겠다. 본인이 공부를 잘 못하는 학생이라고 쳐보자. 어떻게 성적을 향상시킬 수 있을까? 강인한 의지력을 갖는다? 그게 되었으면 이미 공부를 잘하고 있을 가능성이 높다. 공부를 잘할 방법은 2가지다. 첫 번째는 나보다 뛰어난 사람들을 찾는 것이다. 학원이 될 수도 있고 인강이 될 수도 있고 반에서 공부 잘하는 친구일 수도 있다. 이러한 부분은 내가 그동안 못 보던 부분을 보게 해준다. 공부를 못하는 나는 공부를 어떻게 접근해야 할지 모르는데 인강, 학원 선생님, 공부 잘하는 친구들은 거기에 대해 문제 풀이법을 알려준다. 그 문제 풀이법을 나에게 적용해서 공부를 하면 보다 높은 시험점수를 받을 가능성이 높아진다. 이것이 '간접 경험'이다. 하지만, 아무리 좋은 사람이 옆에 있다고 해도 당신이 직접 문제를 푸는 행위를 하지 않으면 크게 결과가 달라지지 않는다.

당신은 2점짜리 문제를 잘 풀다가도 응용력이 필요한 3점짜리, 4점짜리 문제를 풀다 보면 분명히 벽에 부딪치게 될 것이다. 여기서 '3점짜리 문제를 풀려면 어떻게 해야 하지?' '4점짜리를 풀려면 어떻게 해야 하지?' 스스로 이런 고민을 하게 된다. 그때 당신은 다시 선생님, 공부 잘하는 친구, 인강 등을 활용할 수 있게 된다. '직접 문제를 푸는 경험'을 통해서 당신이 무엇이 문제인지, 어디까지가 내가 가능한지를 파악 가능하고 멘토를 만나거나 그와 관련된 해결책들(책, 동영상 등)을 보면서 그것을 해결해 나갈 수 있다.

다만 여기서 주의해야 할 점은 당신이 아는 수준의 비슷한 문제만 풀다가는 결국엔 3점, 4점짜리 문제들을 못 풀 수밖에 없다는 사실이다. 본인보다 뛰어난 사람을 찾아가고 그들과 어울리기 위해 노력하라.

몸을 만들고 싶다면 헬스트레이너를 찾아가라. 아니면 몸 관리를 잘하는 친구와 같이 운동을 해라. 매일 술만 먹고 자기 관리도 안 하는 친구에게 헬스하자고 닦달을 해봤자 돌아오는 건 실망감뿐이다. 그리고 당신 역시 그 영향으로 운동을 안 하게 될 것이다.

낮은 단계부터 경험해보라. 다양한 아르바이트는 회사에 들어가서 사회생활을 하는 데 큰 도움이 된다. 많은 사람을 상대해본 경험은 분명히 남는다. 고로, 돈을 좇지 말고 경험을 좇아라. 내 말이 열정 페이를 받으면서 일하라는 것이 아니다. 다만, 돈 그 자체보다 경험에 목적을 두고 일을 하다 보면 어느 시기에는 상상도 못할 능력들이 개발되어 있을 것이다.

두 번째는, 다양한 사교활동이다.

스티브 잡스급 재능을 가졌더라도 혼자서는 성공할 수가 없다. 나는 제약영업을 하면서 수많은 의사들을 만나왔다. 어느 병원엔 환자가 많은 반면, 어느 병원은 환자가 하나도 없다. 그리고 환자가 없는 병원의 공통적인 특징은 원장들이 하나같이 '사회성', 즉 대인관계 능력이 부족하다는 점이다. 그들은 우리나라에서 가장 엘리트의 코스를 밟았고 최고의 직업을 얻었지만 사회성이 없기에 자신이 쌓아온 모든 것을 날리는 모습을 많이 봐왔다.

학창시절, 나 역시 사람과 대화하는 게 너무 어렵고 무슨 말을 해야 할지 모른다는 압박감들이 심했다. 내가 아무리 인간관계에 관한 책들을 읽어도 변하는 건 없었다. 그때 나는 내 상황을 보았다. 인간관계에 대한 다양한 책을 보고 있지만 정작 내가 맺고 있는 인간관계는 매일 보던 사람만 보는 그런 상태였다. 인간관계와 사회성의 변화를 원하면서 행동한 것은 아무것도 없었다.

그 사실을 깨닫고 난 후 '불특정 다수가 있는 곳'에 직접 나가기로 결심을 했다. 독서토론 모임, 꿈을 찾기 위한 대학생들의 모임, 창업가들의 모임, 스피치 모임 등 내가 모르는 사람들이 있는 곳에 의도적으로 나갔다. 처음에는 너무 어색했다. 옆에 있는 사람과도 대화하지 않고 조용히 집으로 돌아왔다.

그래서 '딱 1년만 나를 외부로 노출해보자'라고 마음먹었다. 2번, 3번, 5번 정도 되자 옆에 있는 사람, 그리고 근처에 있는 사람들과 이야기하는 것이 어렵지 않았다. 10번 정도 되자 다양한 사람들과 이야기하는 것이 어렵지 않았다. 이렇게 다른 모임에서도 계속 반복했다. 1년이 지나자, 나는 새로운 사람과 불편함을 느끼지 않을 정도가 되었고 나의 이야기를 편하게 말할 수 있게 되었다. 나 스스로는 크게 변했는지 알 수 없었지만 주변 사람들은 나에게 '사회성 좋은 사람'이라는 이야기를 많이 해주었다.

그 이후로부터 많은 기회들이 찾아왔다. 막히는 부분이 있으면 다양한 부분에서 나를 도와주는 사람들이 있었고 또 내가 그들에게 도움을 줄 수 있는 일들이 있었다. 조금 더 빠르게 성장할 수 있었던 것은 내가 사람들과 어울리기 위해 노력했기 때문이다. 지금 이 글을 읽고 있는 분 중에는 나의 옛 모습과 비슷한 사람이 있을 수 있다. 인간관계가 어려운 바로 이 지점을 벗어나야 한다. 그러려면 새로운 환경에 자주 노출되는 수밖에 없다. 노출되다보면 자연스러워진다. 자연스러워지면 그때부터 당신의 원래 느낌이 나온다.

우리가 반드시 인싸가 될 필요는 없다. 하지만, '사회성' 그것은 절대 포기해서는 안 되는 것이다. 당신이 자기의 분야에서 엄청난 실력자라면 사람들이 당신을 찾아올 것이다. 하지만 나같이 평범한 사람들은 '사회성', '대인관계 능력'은 필수다. 그것은 20대 때부터 미리미리 외부 노출을 통해 얻어질 수 있다. 여기서도 역시 직접 경험인 외부 노출을 시도하고, 인간관계에 관한 책들, 영상들을 통한 간접 경험을 통해 보완하고 발전시킬 수 있다.

여러분이 20대라면 딱 2가지. '경험' 그리고 '사회성'은 꼭 챙길 수 있도록 하자.

변화의 1단계,
인지력

20대 중반, 나는 누구보다 변화하고 싶었다. 무엇이 '변화'인지
도 모른 채, 할 수 있는 것은 모두 해보자는 생각으로 움직였다. 몸
이 이끄는 대로 '행동 중심'으로 움직였다. 처음에는 방향성이 너
무 없어서 치밀한 계획을 세우고 움직여도 봤다. 나의 10년을 돌아
보면, 정말 많은 시행착오가 있었지만 그 결과 변화를 위한 3가지
의 단계에 대해서 파악해낼 수 있었다. 어떠한 이론이 있다고 주장
하는 게 아니다. 직접 경험해보고 체험해봤다. 그리고 어떻게 변할
수 있었는지에 대해서 스스로 분석해보았다. 단계는 3가지로 이루
어진다. 가장 먼저 인지단계, 그리고 행동단계 그리고 반복단계. 자
세히 하나하나씩 살펴보도록 하자.

변화의 첫 번째 파트는 '인지력'이다.

사람은 누구나 변하길 원한다. 하지만 변화에 대한 인지는 개인
마다 차이가 있다. 이게 무슨 말이냐면 만약 내가 고등학교 수학에
서 2점짜리 문제를 풀 수준밖에 되지 않으면 3점짜리와 4점짜리

문제에 대한 문제 해결력이 떨어질 수밖에 없다. 우리는 3점짜리와 4점짜리 문제를 풀기 위해 어떠한 노력을 해야 할까? 그만한 응용력을 가진 사람이나 참고서를 찾아야 한다. 예를 들면 인터넷 강의를 듣거나 학원을 다니면서 스승을 만나 문제 해결력을 배운다. 또는 수학의 정석이나 개념원리 같은 서적을 통해 응용력과 사고력을 확장시킬 수 있다. 하지만 본인이 이러한 노력의 필요성을 '인지'하지 못한다면 우리는 행동하지 않을 것이고 결국은 2점짜리 문제를 푸는 수준에서 실력이 높아지기는 어려울 것이다.

우리의 사고 역시 마찬가지다. 딱 내 수준에서만 세상이 보이기 때문에 온갖 세상 문제가 2점짜리 문제로 보인다. 아주 냉정히 지금 현재 우리의 상태는 2점짜리 문제를 풀 수 있는 상태이다. 하지만 변화와 성장은 3점, 4점짜리 문제다. 그 부분으로 나아가기 위해서는 수능을 준비하는 수험생의 자세가 필요하다.

그럼 삶의 변화라는 측면에서 어떻게 '인지력'을 높일 수 있을까? 이 부분에서 우리가 취할 수 있는 방법은 독서와 사람 만나기이다. 독서는 수많은 성공한 사람들의 성취 방법뿐만 아니라 세상을 보는 눈을 우리에게 제공해준다. 우리는 이러한 다양한 사람들의 눈을 통해 세상이 2점짜리 문제로만 이루어지지 않았다는 걸 알게 된다. 나는 다양한 책들을 접하면서 내가 생각하는 세상과 실제의 세상이 매우 다르다는 것을 알았다.

한 예를 들면 30살 이전까지는 나는 정말로 돈을 버는 방법이 회사에 취직해서 높은 자리에 올라가는 것 말고는 답이 없다고 생각했다. 하지만 불과 1년 사이에 그 생각들은 깨져버렸다. 세상엔 회사를 다니지 않고 돈을 버는 사람이 수없이 많았으며 심지어 회사를 다니지 않아도 행복도가 매우 높았다. 그들의 책과 영상들을 통해 내가 바라보는 '돈'이라는 고정관념이 깨졌다. 3점짜리 문제가 보이는 순간이었다.

하지만 책에는 한계가 있다. 책이라는 것은 기본적으로 대중을 위해 써진다. 고로 특정한 대상이 아니라 전체를 대상으로 쓸 수밖에 없다. 그렇기에 모든 사람을 아우르는 개념을 사용한다. 당연히 구체성이나 심화도가 떨어질 수밖에 없다. **책은 '눈'을 제공하지만 그것의 심화까지는 제공하지 않는다. 그 심화를 강화시키는 것이 '사람을 만나는 것'이다.** 여기서 말하는 사람을 만나는 것은 평소처럼 동네친구를 만나는 것이 아니다. **당신이 되고 싶은, 하고 싶은, 존경할 만한 사람을 직접 만나는 것이다.**

정말 다행히도 성공하신 많은 분들은 그들의 생각과 가치관을 우리에게 항상 알려주고 싶어 한다. 그 형태는 보통 강의나 강연 형식으로 진행된다. 그 사람의 가치가 높을수록 가격 또한 높다. 하지만 나는 오히려 돈으로라도 만날 수 있다는 것이 정말 행운이라고 생각한다. 세상을 2점짜리 문제로만 이루어졌다고 생각하면 변화는 없다. 3점, 4점짜리 문제들로 둘러 쌓여 있다는 것을 책을 통해 안 이상, 이미 그 문제를 풀어본 사람들, 풀고 결과를 낸 사람들을 만나서 배우는 것이 가장 빠르고 효율적이다. 돈을 통해서 내 시간을 벌 수 있다. 내 시행착오를 줄일 수 있다. 그래서 나는 교육

비에는 금액을 아끼지 않는 편이다.

나는 책을 항상 손에 가지고 다닌다. 또한 강의나 강연에 자주 투자한다. 아직도 스스로 한없이 부족하다고 느낀다. 동시에 심화 문제를 푸는 사람들의 생각을 흡수하면서 나의 성장 역시 몇 배 빨라지고 있다. 내가 빠르게 성공할 수 있었던 것은 '인지력의 확장' 부분이 결정적이었다고 해도 과언이 아니다.

우리가 생각하는 세상과 존재하는 세상(REAL WORLD)는 다르다. 조금은 과격한 표현일 수도 있지만 나는 이 생각을 확신한다. 내가 직접 경험하고 체험해보지 않는 이상 내가 생각하는 것과 실제는 다를 가능성이 매우 높다. 아니, 다른 것이 아니라 내가 틀렸을 가능성이 훨씬 높다. 이를 최대한 어린 나이에 빨리 조정하고 경험할수록 변화와 성공의 확률은 기하급수적으로 늘어난다. 요즘은 책을 읽는 것이 너무 행복하다. '이런 생각을 하다니. 이렇게도 생각할 수 있구나. 나에게 적용할 것이 이렇게나 많구나'라고 매번 읽을 때마다 느낀다.

'인지력' 부분에 많은 시간을 쏟아야 한다. 특히 지금 무언가 준비된 것이 없다면 오히려 기회다. 하루에 최소한 30분씩(나는 구체적으로 50페이지라는 목표를 정하고 매일 매일 읽고 있다) 책을 읽어라. 그리고 블로그 카페 등의 검색을 통해 강의에 참석해라. 유튜브로만 보지 말고 직접 만나라. 직접 만나서 이야기를 듣는 것과 영상화된 자료로 보는 것은 다르다. 내가 생각하는 세상과 실제 세상의 괴리

를 줄여나가는 것. 그리고 다양한 생각과 가치관을 깨닫는 것. 이
것이 인지력의 핵심이다.

변화의 *2단계,*
행동력

    나는 다양한 강연을 들었다. 강연을 들으러 다니다 보면 정말 의외로 주부들이 많이 오시는 것을 알 수 있다. 심지어 자주 마주쳐서 이제는 같이 인사도 나누는 분들도 많다. 하지만 조금 안타까운 면이 있다. 1년 전의 문제가 지금까지 해결되지 않는 경우가 많다. 변화에 대한 생각들과 책, 강의를 통해 '인지력'은 확장되었지만 그에 따른 행동은 그대로인 경우가 많았다. 이러한 사람들은 '강연 중독'에 걸린 사람들이다.

    내가 수능을 준비할 때 나는 인터넷 강의를 많이 들었다. 학교 수업을 마치고 독서실로 갔다. 독서실로 가서 우선 인터넷 강의를 3편 내리봤다. 그러고선 "나 오늘 공부 열심히 했다"라고 스스로 만족감을 느꼈다. 그러면 공부도 열심히 했으니 이제는 쉬어야지 하고 피시방을 갔다. 그리고 집에 갔다. 이것의 반복이었다. 인터넷 강의는, 진도는 팍팍 나갔지만 내가 실제로 공부한 '실제 공부량'은 제로에 가까웠다. 내 성적이 어땠을까? 당연히 좋지 않았다. 머릿속에 아무것도 남지 않았기 때문이다.

개인의 변화도 똑같다. 책과 강연을 통해 3점짜리, 4점짜리 문제를 푸는 사고력과 응용력에 힌트를 얻게 된다. 하지만 그것을 내 삶에 적용해보려는 노력, 직접 움직이는 노력 없이는 인생은 절대 변하지 않는다. 우리는 책을 통해, 강의를 통해, 강연을 통해서 '희망'을 얻는다. 나도 할 수 있을 것이라고 강하게 동기부여된다.

하지만 실제 3점짜리, 4점짜리 문제를 풀어보면 절대 쉽게 풀리지 않는다. 한 번 멈추는 단계, 풀다 풀다 못 푸는 단계, 풀어도 틀리는 단계, 해도 해도 안 되는 단계가 무조건 찾아온다. 마찬가지다. 책과 강의를 통해서 지식을 얻었지만 바로 적용되는 지식이라는 것은 별로 없다. 이렇게도 해보고 저렇게도 해보고 지쳐도 보고 달려도 보고 울어도 보고 기뻐도 해봐야 그때 나에게 맞는 것도 보이고 변화가 찾아온다. 결국 인지력만큼이나 '행동력'이 따라와야 한다.

내가 생각하는 인지와 행동은 서로 별개의 것들이 아니다. 위, 아래 관계가 아니다. 동시에 진행되어야 하는 단계다. 나 역시 책을 보면 정리를 하고 다시 보고 메모를 해도 그 모든 것을 기억해낼 수는 없다. 하지만 가장 중요한 한 가지는 꼭 인생에 적용하기 위해 반복적으로 보고 읽고 난 다음에 바로 적용하려 한다. 인지와 행동을 동시에 가져가기 위해 노력한다. **가장 빠르게 성장하는 방법은 당연하게도 '가장 빨리' 하는 것이다. 읽은 동시에 적용시켜라.**

여기에 또 심리적 장벽이 찾아온다. 바로 자존심의 문제다. 이 부분에서 가장 중요한 자세는 '내려놓는 자세'다. 우리 모두는 자존심을 가지고 있다. 나 역시 자존심이 강했다. 남들이 충고하면 자존심에 "내가 알아서 할게"라고 말했다. "그래 고칠게"라고 말하는 것이 너무 자존심이 상해서 미처 입 밖으로 뱉지 못했다. 알아서 한다고 이야기했지만 내가 알아서 할 수 있는 부분은 사실 없었다.

자존심을 버린다는 것, 내려놓는다는 것은 지금의 '내 상태를 그대로 인정하는 것'이다. 나는 지금 내가 지금 불만족을 느끼고 있다는 것, 더 나아가서 사실은 이뤄낸 것이 하나도 없다는 것을 받아들이는 데 많은 시간이 걸렸다. 하지만 객관적으로 보아도 지금의 내 상태를 부정하긴 힘들었다. 자존심이 상했지만 인정했다.

"그래 나는 밑바닥이다."

인정을 하고 나서부터 신기하게도 방향성이 보였다. 내가 밑바닥이라는 것을 인정하자. 그러면 '여기서부터 내가 어떻게 해야 하지?'라는 생각이 따라왔다. 주변 사람들이 과거처럼 똑같이 충고해주었다. 예전 같았으면 흘려들었겠지만 '한번 해볼까?'라는 생각으로 남의 생각을 받아들일 수 있게 되었다. 모든 책에서 반복되는 이야기들을 '금수저니까 가능한 거지!'라고 생각했다면, 이제는 내 삶에 적용해보기 위해 노력했다.

내 상태를 인정하고 내가 어떻게 성장할 수 있을까에 대해서만 집중했다. 그러자 남의 생각과 의견, 나에 대한 비판들을 더 쉽게 받아들일 수 있게 되었다. 목표는 명확해졌다.

'내가 행복하고 경제적, 시간적 자유를 누리는 것'

이 목표를 위해서라면 쓸데없는 자존심은 어느 순간 다 버리게 되었다. 기분 조금 나쁜 것? 목표에 비하면 정말 아무것도 아니다. 누군가에게 잘 보이기 위해 노력하는 것보다 오로지 우리의 목표를 생각해보자. 그리고 그것을 위해 한 스텝 한 스텝 나아가는 것이다.

여기까지 다시 정리를 해보면 가장 먼저 책과 '사람(멘토) 만나기'를 통해서 인지력을 향상시켜야 한다. 그 후, 자기를 내려놓는 마음가짐, 자존심을 버리는 것. 그리고 행동하는 것이다.

10가지를 배워서 10가지를 모두 할 수는 없다. 하지만 단 한 가지만이라도 바로 실행해보자.

1 BOOK, 1 ACTION!

통계적으로 보면 66일의 반복기간을 거치면 습관이 된다고 한다. 우리가 하는 습관이 생기면 당연히 변할 수밖에 없다. 지금 결심을 했다면 66일이라는 숫자를 기억하자. 딱 66일만 반복해보는 것이다.

변화의 3단계,
반복력

변화 시리즈 마지막 3단계이다. 당신은 인지도하고 행동도 한다. 하지만 나와 비슷하게 여러분도 이 부분에서 수없이 많이 좌절했을 것이다. 행동했는데 결과가 내가 원하는 결과가 아니다. 행동이 내 뜻대로 되지 않는다. 오히려 과거보다 더 좋지 않은 결과가 나온다. 이러한 것들 때문에 나는 다음과 같이 생각했다.

'이거 그냥 원래대로 사는 게 낫겠는데?'

시간이 지나고 나서 알게 되었다. 이러한 '시행착오'는 당연히 따라온다는 것을. 세상엔 다양한 자극적인 정보들이 있다. 그 중 가장 위험한 것은 "빠르게, 더 빠르게"와 같은 것이다. 이러한 자극들은 우리에게 '조급함'을 유발시킨다. 32년간 안 됐던 것을 하루아침에 변화시키려고 한다. 주식 한 방, 로또 한 방, 부동산 대박, 한 방 투자로 바로바로 결과를 보길 원한다. 하지만 세상에 이런 것은 없다. 적어도 우리에겐 없다고 생각하는 편이 마음 편하다.

설사, 좋은 결과를 가져왔다고 해도 그것은 운일 가능성이 매우 높다. 절대 변화는 항상 우상향하는 그래프가 아니다. 내 경험상 초기에는 변화를 위한 시도들이 더 안 좋아지는 상태, 즉 질의 저하를 가져오는 경우가 많았다. 처음 블로그에 글을 쓰는 데 3시간이 걸렸다. 처음 5개월간은 내가 글을 올리지 않으면 하루에 10명도 찾아오지 않았다. 오히려 내가 시간을 잘못 쓰고 있지는 않나 하는 생각이 들었다. 전혀 효과가 없어보였다. 그래도 '66일'을 생각하면서 계속 적었다. 어느 날 누군가는 글을 보고 문의를 했다. 처음 컨설팅이 잡힌 것이다. 첫 성과는 정말 느리게 찾아왔다. 그렇지만 1년이 지났을 때는 네이버 블로그 상위 1%(블로그 차트 기준)에 들었고 다양한 사람들을 알게 되었고 라이프빌드업이라는 닉네임도 '브랜딩화'시켰다.

변화는 절대 한순간에 변하지 않는다. 반복해서 실행하는 걸 숙명으로 받아들여야 한다. 주식도 내가 돈을 넣자마자 오르는 종목은 오히려 위험한 종목이라고 했다. **한순간에 변하지 않기 때문에 꾸준히 해야 한다. 반복해서 해야 한다. 오늘 못하더라도 내일은 꼭 해야 한다.** 나는 쓸데없는 '완벽주의'를 가지고 있었다. 실제로 일은 꼼꼼하게 하는 성격이 아니다. 그런데 실행에 있어서는 완벽주의를 스스로 만들어냈다.

예를 들면 헬스를 1주일간 열심히 했다. 그러다 오늘 하루 너무 가기 싫어서 하루 패스하게 된다. 패스한 김에 친구들이 보고 싶다. 친구를 보다 보니 술이 한잔하고 싶다. 그렇게 한잔 마신다. 후회하면서도 마신다. 다음날이 되었다. 스스로에게 실망한다. 그리고 실망감에 헬스를 가지 않는다. 이렇게 된 거 그냥 먹자는 생각이 올라온다. 1주일을 열심히 갔지만 다시 1주일을 가지 않는다. 성과가 나올 리 없었다.

이 부분에서 가장 잘못된 것은 운동을 가지 않고 술 먹은 것보다 술을 먹은 다음날 헬스장을 가지 않는 것이다. 우리는 로봇이 아니다. 매일매일 나를 100% 통제한다는 것은 불가능에 가깝다. 오늘은 지칠 수 있다. 하지만 내일은 아무 일 없는 듯이 해야 한다. 안 하는 관성을 만들면 안 된다. 실행해야 한다. 반복해야 한다. 작심삼일을 계속 반복시키는 작업들이 필요하다.

그래서 나는 내가 행동하지 않는 날보다 그다음 날을 더 중요하게 여긴다. 이틀 연속 아무것도 안 하면 그때는 정말 끝이다라는 생각을 머릿속에 각인했다. 나의 과거처럼 지나친 완벽주의를 가져가지 마라. 다만, 꾸준히 하겠다고만 생각하라. 평생 할 일이다고 생각하는 게 편하다. 잠깐 지치고 쓰러질 수는 있다. 하지만 기어서라도 끝까지 간다라는 정신이 필요하다.

정리해보겠다. 인지하고 행동하는 것 그리고 그것을 반복하는 것. 내 365일을 짧게 설명하면 이게 전부다. 이것을 1년 동안 하니까 신기하게도 변화하고 결과물이 나온다. 그렇기에 더욱 확신한다. 앞으로도 이렇게 살 것이고 기어서라도 앞으로 나아갈 것이다.

지금 우리가 어떤 상태에 놓여져 있는지는 중요하지 않다. 여기까지 여러분이 글을 읽었다는 것은 인지하기 위한 노력, 그리고 그걸 행동화하는 것과 반복하는 노력에 대해 알아버렸다는 것을 이야기한다. 그리고 이것을 하지 않는다면 변화는 먼 미래다. 여러분은 이미 알아버렸고 아는 데도 하지 않는다는 것은 미래에는 정말 심각한 위기로 찾아올 것이다. 앞으로 우리가 어떻게 하느냐에 따라서 위기가 될 수도, 기회가 될 수도 있다. 우리의 지금보다 1년 뒤가 기대되는 그런 뿌듯함 감정을 다 같이 나누는 날이 오길 진심으로 바란다.

내가 아직도
알바를 하는 이유

2020년 어느 봄날. 아침 6시. 남들은 이제 일어나서 출근 준비를 할 시간에 역삼역으로 갔다. 무슨 일로 아침 6시에 역삼까지 갔을까? 1달에 1번씩 있는 정기행사 '단기알바'를 하기 위해서다. 오늘은 사무실 청소였다. 역삼역에 있는 고급 미용실이었는데 단순히 하나의 샵이 아니라 프라이빗한 많은 업체들이 들어와 있는 처음 보는 구조의 미용 종합몰 같은 구조였다.

3시간 정도 청소를 했다. 걸레로 먼지만 제거하는 데 1시간이 걸렸다. 밀대걸레로 미는 데 1시간. 그리고 마지막 얼룩 제거하는 데 1시간. 그렇게 3시간이 정말 순간 삭제됐다.

이날은 내 친구와 함께 일을 했는데 서로 말도 없이 미친 듯이 청소만 했다. 끝나고 나니 너무 피곤했다. 역시 청소는 나랑 잘 안 맞는다. 내 방 청소도 잘 안 하는데, 남의 오피스까지 청소하려니 쉬운 일이 아니었다. 왜 나는 사서 이런 고생을 할까?

3가지의 이유가 있다.

첫 번째는 의도적으로 노동을 돈으로 바꾸는 작업체험이다.
알바는 시급이 명확히 정해져 있다. 내 노동력의 가치가 명확히 정해져 있다. 이번 알바 같은 경우엔 3시간 3만 원인데, 단순히 3만 원을 벌겠다는 생각보다 하루 24시간 내 제한적인 시간과 노동력을 가지고 어떻게 굴려야 최대한의 효율성이 나올 수 있게 고민하게 해준다. 수입이 불안정한 프리랜서는 특히나 이런 고민이 많다. 오늘 내가 하는 일이 지금 당장 수입으로 안 이어질 가능성이 크고, 일정기간까지는 이 불안한 기간이 계속될 가능성이 크다. 지속기간이 길어질수록 내 노동력의 가치, 더 나아가서는 나의 하루의 가치, 내 시간당 금액의 가치에 대해 회의감을 가지기 마련이다.

이때 알바의 경험은 나를 되돌아보게 해주고 어떻게 하면 내 가치, 내 시급을 향상시킬 수 있을까에 대해 진지하게 생각하게 한다. 시급 1만 원이 절대 적은 액수는 아니지만, 내가 제공하는 노동력을 단순 노동이 아닌, 가치 있는 노동으로 어떻게 바꿀 수 있을까 고민하게 되었다.

두 번째는 경각심이다. 당신은 당신의 가치가 어디쯤 된다고 생각하는가? 직장인이라면 당신은 계속해서 지속적인 성장을 도모하고 있는가? 프리랜서, 사업가라면 자신의 노동력이 최저시급, 아니 자기가 생각하는 수준의 가치를 가지고 있는가?

일당으로 측정된 급여를 받게 되면 내 가치를 더 높여서 꼭 내가 생각하는 시급에 도달해야겠다는 생각으로 치환된다. 혹시나 자동

화와 수동적 소득(Passive Income)에 대해 먼저 고민하고 있다면 지금 당장 스스로의 시급을 높이는 것이 먼저다. 단기알바를 하고 오면 바로 다시 몰입도 있게 내 일에 집중할 수 있게 된다. 내 가치를 높여야겠다는 강한 경각심을 스스로 느끼게 된다.

세 번째는 환기의 차원이다. 일상의 반복은 따분함을 야기한다. 그 따분함은 업무적 태만을 가져 오고, 그것은 결국 성취의 하락으로 이어져 더 깊게는 하루를 대충 보내고도 죄책감도 느끼지 않게 된다. 따분함을 탈피하는 가장 좋은 방법은 역설적이게도 일상의 파괴다.

이는 마치 사람의 뇌와 같다. 예를 들면 대부분의 남자들은 '좌뇌' 영역이 발달되어 있다. 이성적이고 결론지향적인 성향을 기본적인 속성으로 가지고 있다. 하지만 그렇기에 상대적으로 타인과의 교감, 공감, 그리고 감정을 터치하는 '우뇌' 영역이 부족하다. 본인이 이성에게 효과적으로 어필이 되려면 '감정 자극'은 필수다. 아무리 내가 잘났네를 논리적으로 설명해봤자 상대방은 이것에 매력을 느낄 가능성은 적다. 결국 이성간의 문제는 상대방이 내 매력을 인식하느냐의 문제다. 그리고 인식하기 위해서는 감정을 움직여야 한다.

어떻게 하면 우뇌를 발달할 수 있을까? 내 경험상 가장 도움이 됐던 건 '아무 생각 없이 놀기'이다. 논리적 사고와 일부러 거리를 두는 노력. 놀 때는 확실하게 다 던지고 제대로 놀아야 한다. 처음엔 어색하다. 하지만 그게 반복되면 내가 나를 놓고 논다는 게 어떤 느낌인지 이해하게 된다. 그럴 때 내 우뇌 영역은 발달된다. 그러다 보면 좌뇌에 치우친 뇌는 조율을 통해 이성과 감정이 조화된 상태로 변화하게 된다.

일 또한 마찬가지다. 내가 말하는 일상의 파괴란 마약 같은 광란의 파티가 아니다. 삶의 자극을 줄 수 있는 '자극'들이면 충분하다. 특히 프리랜서는 이것이 중요하다고 생각한다. 스스로 지치지 않는 게 가장 중요하기에 삶을 다양한 방면에서 재조명해야 한다. 적어도 나에게 알바는 다양한 것을 생각하게 하면서 하루를 편하게 즐길 수 있는 우뇌 자극 같은 경험이다. 기존의 생각하지 못했던 생각들이 알바를 통해서 떠오르는 경우도 많았다.

이러한 이유들로 나는 한 달에 한 번 꼭 아르바이트를 한다. 사실 위의 이유를 제외하고라도 그냥 재밌다. 혼자 작업하는 게 많은 요즘엔 사람들을 만나고 이야기하는 것 자체가 즐겁다. 결국 아르바이트는 나에게 뇌를 자극해주는 소소한 '일탈'이다. 그리고 역설적이게도 이는 내가 일을 더욱 열심히 하고 지속하게 하는 계기가 된다. 삶의 소소한 일탈을 만들어보자. 새로운 생각들과 창의성이 떠오를 것이다. 놀 때는 현실을 던져놓고 신나게 놀아라.

이 책을 읽어도
변하지 않다면?

책을 한 권라도 더 팔아야 할 놈이 지금 이런 소리를 한다고? 하지만, 솔직히 내 생각에는 변함이 없다. 당신이 동기부여 영상을 많이 보면 볼수록, 자기계발 책을 많이 보면 볼수록 삶이 불행해지는 이유를 말해보도록 하겠다. 그렇게 느껴본 적 있는가? 어떤 책을 읽고 가슴이 뛰고 정말 세상을 다 가질 것 같은 생각을 느껴본 적 있는가? 유튜브에 동기부여 영상을 보고 당당하게 집 앞을 나서본 적이 있는가?

나는 너무 많았다. 솔직히 고백하건대, 어제도 그랬다. 나 같은 경우엔 아침에 일어나면 '루틴'이라는 것이 존재한다. 아침에 우선 일어나면 명상을 10분 정도 한다. 그리고 책을 20분 정도 읽는다. 그리고 아침을 먹고 준비를 하면서 스윙스의 〈나는 자기 암시〉라는 노래를 틀어놓고 먹으면서 따라 읽는다.

나는 엄청난 그릇을 가진 사람이야
나는 무엇이든 해내

나의 집중력은 놀라워

나는 조 단위를 버는 사람이야

(중략)

나는 통이 커

나는 무엇이든 얻어내

나는 상상력으로 내 세상을 창조해

나는 나를 발전시켜

나는 남들에게 영감이야

나는 중심을 잘 잡아

나는 돈을 버는 허슬러야

나는 내 갈 길 가는 사람이야

(하략)

　정말로 이런 내용만 한 15분 말하는 노래다. 스스로 암시를 거는 것이다. 내가 저러한 능력을 가진 사람이라고 상상하고 스스로를 고취시킨다. 이를 하는 이유는 다음과 같다. 우리 무의식의 특징 중에 하나는 '현실'과 '상상'을 정확히 구분하지 못한다는 것이다. 그렇기에 저런 이야기를 많이 뱉을수록 내 무의식은 스스로를 저러한 상태라고 인식한다. 나는 이 힘을 정말로 믿는다. 그렇기에 매일 한다.

　하지만, 갑자기 집을 나서기 전부터 어머님의 '잔소리'가 들려온다. 나는 효자다고 외쳤지만 갑작스런 어머님의 짜증에 나도 모르게 욱한다. 겨우겨우 지하철에 탔지만 움직일 수 없을 정도로 꽉 찬 지하철로 필요 이상의 불쾌감을 느낀다. 회사에 도착했다. 하나하나 일을 해나가던 중, 내가 싫어하는 상사의 '잔소리'가 들린다. 스트레스가 극에 달한다. 겨우겨우 일을 마치고 퇴근을 한다.

오늘 집에 가서는 영어공부도 하고 일기도 쓰려고 했지만 녹초가 된 나는 집에 도착하자마자 밥부터 먹고 퍼진다. TV를 보고 있으면서 '무언가 해야지'라고 생각을 한다. 하지만 시간은 어느덧 12시다. 그렇다. 나는 아무것도 하지 않았다. 그렇게 나는 스스로에게 실망하고 잠자리에 든다. 아침에 내가 다짐했던 것들, 외쳤던 것들은 내 삶에 아무 영향을 주지 못한다. 아니 오히려 '내가 왜 그랬지?'라는 자괴감만 든다.

이건 정확히 내 과거의 이야기다. 정확히는 내가 동기부여 영상과 자기계발 책을 특히 많이 보았을 때 일어났던 가장 흔한 일상이었다. 나의 생각 패턴을 분석하고 '내가 왜 이러한 행동 패턴을 가지게 되었을까?'를 고민해보았다. 그리고 하나의 결론에 도달할 수 있었다.

잘 생각해보면 '성장'이라고 말하는 부분들, 어떠한 결과를 만들어 내는 과정 중에 당신이 '편하다'라고 느낀 것이 있는가? 예를 들어서 지금 회사나 대학에 들어가기까지는 고등학교의 대부분의 시간을 갈아 넣는 처절한 고통의 시간이 있었을 것이고 회사에 들어가기 위해서는 4년간의 학점 → 스펙 향상 → 자소서 → 면접이라는 과정을 뚫고 취직에 성공했을 것이다.

이 모든 과정에서 당신은 '편안함'을 느껴본 적 있는가?

아마 없을 것이다. 맞다. 대부분의 '성장'과 '우리가 원하는 결과물들'은 매우 불편하다. 불편하고 괴롭고 짜증나고 불안하고 두렵다. 내가 '할 수 있다'라고 생각하는 것들의 대부분은 우리에게 쉬운 부분이고 편한 영역이다. 매번 같은 일을 한다고 치자. 짜증은 날 수 있지만 내가 해야 할 일이 도전을 요하는 그런 압박감은 없다. 그리고 이러한 부분에서 동기부여는 좋은 효과를 가져올 수 있다. 내가 행동하게 만들어줄 수 있다.

하지만 당신이 정말 하고 싶은 것들과 되고 싶은 것들을 달성하기 위해서는 필연적으로 불편함과 두려움을 받아들여야 한다. 번지점프 대에 올라가서 "나는 할 수 있어"를 100번 외치는 것과 한번 뛰어내리는 것은 기본적으로 다른 것이다. 우리는 천 번의 "할 수 있다"를 외치는 것보다 한 번의 뛰어내림으로써 정말 번지점프의 묘미가 무엇인지 알 수 있게 된다.

이 부분에서는 동기부여는 나에게 전혀 도움이 되지 않는다. 두려움 속으로 뛰어드는 것. 그것만이 내가 번지점프를 뛰어내릴 수 있는 동기가 된다. 그리고 바로 그 지점부터 성장이 따라오게 된다.

내 인생의 기본 모토는 '인생은 불편하고 두려운 것'이라는 것이다. 당연히 나도 삶을 불편하고 귀찮게 살고 싶다는 것은 아니다. 다만, 내가 정말 원하는 것들은 항상 '미지의 영역'임을 인정하는 태도를 가지고 있다. 받아들이기 힘들었지만 그게 삶의 이치라는 것을 알았고 매일매일 새로운 영역에서 번지점프를 할 때마다 두려움의 감정이 무뎌짐을 느끼게 된다.

'행동의 중요성', 누구나 알고 있다. 나 또한 항상 느끼지만 언제나 하기 어려운 것이 행동이다. 우리가 원하는 것은 90% 이상은 미지의 영역이다. 그건 내가 한 발을 내딛느냐 못 내딛느냐의 싸움이다. 동기부여 영상으로 해결되지 않은 부분이다. 당연히 책으로도 해결될 수 없는 부분이다. 책이 도움이 될 수 있지만 직접 뛰어드는 행동을 하지 않고는 하나도 변하지 않는다. 처절할 수도 있다. 하지만 이 두려움의 감정도 무뎌진다.

당신이 딱 눈감고 1년만 이 '미지의 세계'에 내닫는 연습을 한다면 장담하건대 당신의 그릇은 3배 이상 넓어져 있을 것이다. 그리고 성취도에서 엄청난 차이가 있을 것이고, 항상 걱정만 많았던 삶에서 행동하는 재미를 느끼는 삶으로 변해 있을 것이다.

딱 1년이다. 1년만 내 기본상태가 '불편함이다'고 생각하라. 중요하기에 다시 한 번 강조해보겠다.

"1년만 불편함이 내 기본 상태라고 생각하라."

1년간 당신의 심리장벽이 막고 있는 그 불편함에 접근하는 연습을 해야 한다. 우리는 단지 불편함에서 오는 저항성에 견디는 연습이 덜 되었을 뿐이다. 그리고 이는 연습과 시행착오로 극복할 수 있다. 이렇게 1년을 살았는데도 변하지 않으면 나에게 연락을 줘도 된다. 최선을 다해서 도와줄 수 있도록 노력해보겠다.

동기부여 책의 기본 취지는 당신이 행동하기 위해 쓰여진 것이다. 하지만 행동의 영역과 동기부여는 실질적으로 큰 관계성이 없다. 당신은 하기 싫은 것을 이겨내고 행동하면 그것 자체로 동기부여된다. 행동으로 동기부여하는 것이다. 그리고 이게 어느 정도 자리를 잡는다면, 습관이 된다면, 그때부터 '동기부여 책'을 가까이 해라. 당신의 행동에 '부스터'를 달아줄 것이다.

생각 → 행동이 아니라, (최소한의 생각) → 행동 → 생각 → 행동과 같은 발전된 형태의 패턴을 바꾸는 것이다. 이러한 상태에서 이 책을 읽는다면 처음 상태에 읽는 것보다 2배 이상 도움이 될 것이라고 확신한다.

이러한 패턴이 익숙하게 되면 당신은 무분별하게 베스트셀러만 읽지 않게 된다. 당신이 추진하는 어떠한 분야에 대해서 행동력이 붙었기 때문에 그와 관련된 '책'을 찾아볼 가능성이 높아진다. 단순히 책을 많이 읽어야겠다가 아니고 전문가가 되는 것이다.

'행동+책'의 시너지. 발전하지 않을 수 없지 않은가?

나는 이러한 패턴으로 정말로 아무것도 없던 과거에서 사업가이자 컨설턴트 다수의 모임을 운영하는 리더, 그리고 작가가 될 수 있었다. 달걀(행동)이 먼저냐? 닭(생각)이 먼저냐의 문제가 아니다. 둘 다 동시에 가야 한다. 당신의 행동력이 아무리 뛰어나도 당신의 수준은 아직 부족할 가능성이 높다. 그때 책을 이용하라. 거기서 배워라. 그리고 다시 행동하라. 그리고 다시 책을 찾아라. 그리고 다시 행동하라. 이렇게 서로 '상호보완'하라.

　자, 다시 한 번 마음가짐.
"1년간 내 기본 마음상태는 '불편함'이다."
　명심하자. 우리는 변할 수 있다. 다만, 조금 견뎌내야 할 시간이 있을 뿐이다. 도망가지 말자. 내가 맨 앞에서 버텨내고 있겠다. 같이 뛰면 좋겠다.

Chapter **5**

진짜 변화하고
싶은가요?

여자친구가 행복을
책임져주지 않는다

이 챕터의 제목을 보고 연애컨설턴트를 하고 있는 사람이 갑자기 뚱딴지같은 소리를 하고 있지 않냐고 생각할 수 있다. 하지만 정말 사실이다. 당신이 아무리 멋있고 이쁜 이성을 만나도, 자신과 잘 맞는 이성을 만나도 인생의 행복을 담보하지 않는다. 삶에 이성친구 같은 것은 필요 없다고 말하는 것이 아니다. 다만 명확한 것은 당신의 행복을 절대 타인이 책임져 주지 않는다는 사실이다.

나 또한 여자친구를 만날 때는 항상 즐겁다. 하지만 그건 여자친구를 만나는 바로 그 순간일 뿐이다. 다음날이 되면 다시 내 일을 해야 하고 일상은 언제나 반복된다. 만약 내 일상 자체가 무너져 있고 내 심리상태가 불안정하다면 '이성친구'를 만나는 순간을 벗어나는 순간 다시 괴롭고 힘들어진다. 그리고 이 부분은 절대 누구도 메워줄 수 없다. 아주 냉혹하게도 '본인 스스로'밖에 메울 수 없다. 내 스스로가 올바로 설 수 있는 사람이 되어야 한다. 삶의 주도권은 오로지 자신에게 있다.

그런데 우리나라 사람들이 대부분 행복하지 않는 이유도 여기에 있다. 우리는 초등학교에 들어가면 12년간의 입시 경쟁을 치른다. 사실 자신이 무엇을 좋아하는지 모르는 채, 사회가 정해준 목표를 위해 달린다. 그 이후에는 어떤가? 대기업이라는 목표, 공무원이라는 목표를 위해 다시 달리고 그 이후에는 결혼, 그리고 집과 같은 아주 현실적인 문제와 마주치게 된다. 이 모든 것은 우리가 정한 것이 아니다. 모두 타인에 의해 정해진 것들이다. 그리고 우리는 어느 시점에 자신과 대면할 시간이 오게 된다.

"지금 내가 하는 것들이 정말로 내가 원하던 것들이었나?"

이 시점은 매우 중요하다. 본인 스스로 의문을 던진 상황이기 때문이다. 이 시기는 누군가에게는 20대 초반, 누군가에게는 20대 후반, 또 누군가에게는 은퇴를 앞두었을 때 찾아올 수도 있다. 하지만 누구나 이 시기를 겪는다. 나는 20대 초반부터 이 문제와 시름했다. 하지만 '타인의 선택'에 길들여졌기에 31살까지 스스로 많은 결정들을 가져가지 못했다. 늦게나마 퇴사라는 결단을 내렸고 나름 행복하게 일하고 있다. 진심으로 과거로 절대 돌아가고 싶지 않다.

여러분도 퇴사하고 나오라는 것이 아니다. 하지만 당신을 올바르게 서게 하는 것은 당신만이 선택할 수 있다. 여러분의 의지대로 선택을 이어갈 때, 그 결과가 좋을 수도 있고 나쁠 수도 있다. 하지만, 여러분은 그때부터 당신의 진짜 삶을 살기 시작한 것이다. 그것들이 쌓인 것이 궁극적인 자존감이고, '내가 정말 내가 되는 순간'이라고 생각한다.

연애컨설턴트를 하면서 다양한 사람들을 만나봤다. 정말 '여자'에 중독된 사람도 많이 봐왔다. 한 여자에 만족하지 못하고 계속 새로운 여자를 찾는 사람들을 보면 부러운가? 명백하게 그들 중의 대부분은 인생이 오히려 행복하지 못하고 허무함을 자주 느낀다.

알코올 중독처럼 여자에 중독되었을 뿐, 자기 인생은 계속해서 하루하루 삐뚤어져나가고 있다. 인생에 가장 중요한 부분을 외면하고 있다. 스스로가 어떻게 살고 싶은지에 대해서는 관심이 없다. 정말로 이러한 사람들을 너무 많이 봐왔다.

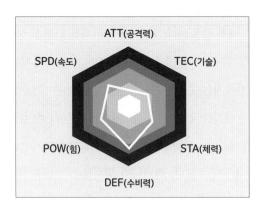

혹시 〈위닝일레븐〉이라는 게임을 해보았는가? 그 게임에서는 축구선수의 능력치를 육각형으로 평가해놓았다. '공격, 기술, 체력, 방어, 슈팅, 스피드' 이런 식이다.

나는 인생도 마찬가지라고 생각한다. 이성친구 당연히 중요하다. 돈? 당연히 중요하다. 대인관계? 당연히 중요하다. 사람마다 자기가 중요하게 생각하는 영역들이 있다. 그 부분이 원활하게 확장되어야 나라는 사람의 기둥이 선다.

나를 예로 들면 일과 관련된 자기계발과 사랑 그리고 휴식 그리고 대인관계와 사회성이 중요하다. 이 부분들의 밸런스를 지키려고 항상 주의하고 있다. 재미있는 건 이 부분에서 한 부분만 무너져도 다른 '영역'에 타격을 준다는 것이다.

나에게는 강한 여자에 대한 결핍이 있었다. 24살까지는 모태솔로였기에 '결핍'이 최절정기였던 시기였다. 그때 당시 나는 자기계발모임에 나가서도 내가 해야 할 것에 집중하기보다는 이성인 사람에게 더 신경이 갔다. 자연스럽게 모임의 목적에 제대로 집중하지 못했다. 이런 식으로 하나하나 균열이 나기 시작한다.

여러분은 어떠한가? 자신의 삶에서 중요하게 생각하는 영역은 개인마다 다 다르다. 하지만 어느 하나의 결핍이 있을 때 행복과는 조금씩 멀어진다고 보면 된다. 이 책을 지금까지 읽고 있다면, 분명히 우리는 자기계발과 성장이라는 공통된 키워드를 공유하고 있을 것이다. 그런데 나는 성장이라는 강박관념 때문에 정말 내가 소중하게 생각했던 것들을 놓치고 있을 가능성도 있다. 무언가에 집중한다는 것은 보는 시야가 좁아진다는 것을 의미하기 때문이다.

하루, 이틀, 단기간만 보고 달리는 건 행복이 아니라고 생각한다. 무언가에 집중해서 올인 해야 될 시기는 있지만 당신만의 육각형에 항상 신경을 써야 한다.

그 모든 것이 고루고루 밸런스를 이룰 때, 그리고 조금씩 발전해 나갈 때 그게 행복이지 않을까라는 생각을 해본다. 인생은 길기에 느려도 괜찮다. 하지만, 포기하거나 놓지는 말자. 우리에게 정말 소중한 것이 무엇인지 안다면, 그리고 그것을 하나하나 챙겨가는 작업들을 반복하자. 그러다 보면 자신이 생각하는 행복에 조금 더 가까이 다가갈 수 있을 것이라 믿어 의심치 않는다.

삶의 비밀 :
인생 체크

누구나 각자 인생에서 가장 중요한 것들이 있다. 존중한다. 그리고 일시적으로 그것의 균형이 무너질 수도 있다. 예를 들면 당신이 만약에 취업준비생이나 입사한 지 얼마 되지 않은 신입사원이라면 대부분의 시간을 자신의 역량계발에 쏟아야 할 것이다. 고시 공부를 하는 사람 또한 마찬가지다. 확실한 성과를 위해서는 일시적인 불균형은 필수다. 물론 꼭 그런 과정이 있어야 한다고 생각한다.

나 같은 경우는 지금 글을 쓰고 있는 날 기준으로 67일 뒤에 바디프로필 촬영이 있다. 몸을 만들기 위해 매일 헬스장에 가고 있고 식단도 엄격하게 통제하고 있다. 그리고 대부분의 시간은 내 사업 확장에 투자한다. 일과 운동이 가장 메인포커스이다.

이러한 과정은 누구나 겪는다. 본인 스스로 뛰어난 성과를 원한다면 시간의 절대적인 투자는 무조건 필요한 과정이다. 하지만 만약 내가 이러한 행동 패턴을 3년, 4년 동안 지속할 수 있을까? 설사한다고 해도, 분명히 번 아웃이 올 것이다. 어느 시점에는 분명히 '현자 타임'을 겪을 것이고 '이게 사람 사는 것인가?'라는 불만도 느끼게 될 것이다. 위에 적었듯이 일시적인 불균형은 필요하다. 하지만 장기간의 불균형은 내 삶의 질을 파괴한다. 그렇기에 나는 지금 내가 일시적인 불균형 상태지만 내가 생각하는 중요한 것을 항상 기억한다. 그리고 평상시에도 짧게 짧게라도 그것을 놓치지 않으려고 한다.

이제부터는 과거부터 내가 가장 중요하게 생각했던 6가지의 영역에 대한 설명을 해보려고 한다. 우리는 하루만 살지 않는다. 1년만 살 것도 아니다. 최소한 80년은 살 것이다. 그렇기 때문에 내가 만든 육각형 이론을 바탕으로 인생을 체크할 필요가 있다. 각 부분을 스스로에게 대입해서 '지금 내가 어느 정도 지키고 있나?'를 체크해보기 바란다.

6가지는 다음과 같다.

1. **일에서의 만족**
2. **경제적 자유를 위한 과정**
3. **사랑**
4. **대인관계**
5. **사회성**
6. **휴식**

일에서의 만족도,
불만족에서 당장 벗어나라

나나 이 글을 읽는 여러분이나 잠자는 시간을 제외하고는 절반은 일을 하고 있을 것이다. 만약 지금 일을 하고 있지 않아도, 그것을 위한 준비과정(대학교 공부, 취업 준비과정)에 있었기 때문에 모두다 같은 과정이라고 생각하면 된다.

지금 여러분은 회사를 다니고 있지만 회사의 비전도 불확실하고 울며 겨자먹기로 다니고 있다고 치자. 그러면 여러분의 인생은 만족스럽지 않을 가능성이 90% 이상이다. 왜냐하면 하루 1/3의 삶이 불만족스럽기 때문이다. 잠자는 시간을 제외하면, 이미 남은 시간의 50%가 불만족이라 그 나머지에서 정말 최고의 만족도를 느낀다고 해도 50%니 그보다 나쁠 확률이 높은 것이다.

고로, 지금 여러분이 하는 일이 어떠한 상태이고 어떠한 만족도를 느끼는가가 매우 중요하다.

부끄럽지만 나의 예를 들고 싶다. 취업 준비생 시절, 내 일과는 단순했다. 오후 2시에 일어난다. 그리고 밥을 먹고 3시까지 카페로 간다. 그리고 저녁 10시까지 자소서를 썼다. 그리고 같이 취업 준비하는 친구 2명과 순댓국집에 갔다. 그리고 한두 시간 동안 술을 마셨다. 당시에 스트레스를 푸는 수단은 '술'이었다. 혹시나 오해할 수 있는데 나는 알코올 중독자가 아니다. 지금은 일주일에 한 번도 먹지 않지만 당시에는 일시적 불균형에서 스트레스를 풀 수단이 술이었다. 그리고 제약회사에 들어가게 되었다. 합격하고 나서 느낀 희열은 아직도 생각이 난다.

하지만 입사 후 정확히 2달이 지난 후부터 삶의 만족도는 급격하게 떨어졌다. 영업직은 나에게 너무 어려웠다. 솔직히 입사 전까지만 해도 나는 영업을 잘할 줄 알았다. 말하는 것을 좋아하고 직접 부딪치는 '현장파'였기 때문에 스스로 잘할 수 있다는 확신을 가지고 있었다. 하지만 아이러니하게도 영업직은 맞지 않았다. 원래는 술을 한 병도 먹지 못했다. 직장생활을 하면서 술이 늘었다. 금요일 저녁이 오길 간절히 기다렸다. 일하는 시간이 너무 싫었다. 스스로 동기부여도 되지 않았다.

그러다 2년 차가 되던 해, 퇴사를 하게 되었다. 일을 하면서 스스로 동기부여도 받지 못했고 일에서의 만족도도 좋지 않았다. 이렇게 살고 싶지 않았다. 그 후 1인 사업을 시작한 지 1년 정도 지났다. 그때보다 두 배는 힘들고 시간투자도 많지만 절대 돌아가고 싶지 않을 정도로 만족을 느끼고 있다. 더 열심히 하겠다는 각오도 되어 있다.

회사를 다닐 때는 행복하다는 느낌을 가져본 적이 거의 없었다.

첫 월급 받았을 때 말고는 정말 없었다. 입사 초반엔 워낙 정신이 없기에 스스로 불행한지도 몰랐다. 하지만 어느 정도 시간이 지나자 명확했다. 회사에서 나는 비전을 찾을 수 없고 내 스스로도 회사에서 일하는 게 고통스럽다는 것. 이는 내가 받는 연봉으로 덮을 수 있는 수준이 아니었다. 이러한 경우가 나만의 특수한 사례가 아니다. 내 친구들이 이상한 건지, 회사를 다니면서 만족하는 사람의 비율이 극도로 적었다. 매일 입에서는 욕을 하고 직장 상사의 뒷담화를 하면서 그런데도 회사는 계속 다닌다. 이직한다고 말해놓고는 이러면 안 된다고 말해놓고도 계속 다닌다. 그러고는 내가 부럽다고 이야기한다.

왜 스스로 불행한 것을 알고서 선택하지 못하는가? 만약 회사에 대해 어느 정도 불만사항은 있지만 그래도 '다닐 만하다'고 느끼면 사실 문제는 없다. 하지만 스스로 느끼기에도 정말 당장이라도 회사를 때려 치고 싶다고 말하면서 자신의 시간을 담보로 불행 속으로 들어가고 있는 사람들에게 말하고 싶다. 그럴 거면 빨리 나와라.

회사를 나와도 세상은 무너지지 않는다. 회사를 그만두든 다니든 감히 내가 책임질 수 없는 문제이다. 하지만 내가 가장 싫은 것은 당신이 깊은 불만족을 느끼고 있다는 그 자체다. 그것을 벗어나는 게 회사를 다니는 것보다 먼저가 되어야 한다고 생각한다. 우리는 항상 낭떠러지에 매달리면서 살아간다. 스스로 생각하기에 이걸 놓으면 그냥 죽을 것 같지만, 사실은 정말 낮은 1층 높이의 낭떠

러지일 가능성이 높다. 나 역시 퇴사를 했지만 죽지 않았다.

야생에서 살아야겠다는 강한 위기의식으로 더욱 열심히 살게 되었다. **절대 불안감 때문에 당신의 시간과 행복을 날리지 마라. 그렇기에 회사를 다니고 있는 사람이라면 가장 먼저 지금 '현재 상태'를 스스로 규정할 수 있어야 한다. 내가 이 일이 좋고 만족스러운지, 나와의 적성은 맞는지. 게다가 더 중요한 것은 비전이다.**

당신이 지금 하는 일에서 3년이 지났을 때, 5년이 지났을 때 어떠한 상태가 될 것 같은가? 그냥 지금 상태로 '존버'할 것 같은가? 그런 방식은 위험하다. 당신 인생의 1/3에 해당하는 가장 중요한 부분이다. 대충대충 생각할 문제가 아니다. 인생은 절대 '어떻게든 되겠지'라는 생각처럼 어떻게든 되지 않는다. 반드시 냉혹한 결과로 가지고 온다. 그리고 그 결과를 받아들일 때는 시간이 이미 늦어버릴 때일지도 모른다.

지금 여러분은 일에서 만족도를 느끼는가? 꼭 스스로 체크해보라. 그리고 그것이 정말 스스로를 너무 힘들게 하면 결단을 내릴 수도 있어야 한다. 무엇보다 중요한 것은 당신이 행복해야 된다는 것을 꼭 인지하기 바란다.

경제적 자유를 위한 과정,
일단 시도하라

조금은 거창한 단어를 써봤다. '경제적 자유'라고 썼지만 거부가 되자고 말하는 것은 아니다. 사람마다 인생에서 중요하게 여기는 가치관이 다르기 때문에 나는 여러분이 어떤 것을 최우선으로 두어도 그것을 존중한다. 하지만 부인하지 못할 사실이 하나 있다. 돈 없이는 행복할 가능성이 줄어든다. 나는 돈을 많이 벌고 싶다. 그 이유는 인생에서 돈이 가장 중요하지 않다는 것을 느끼고 싶어서이다.

돈 가지고 싸우고 싶지도 않고 남에게 인색함을 보여주고 싶지도 않으며 내가 하고 싶은 것과 되고 싶은 것에 보다 많은 시간을 투자하고 싶기 때문이다. 이는 우리가 앞에서 다뤘던 '일에서의 만족도'와 연결된다. 결국 일을 하지 않으면 돈을 벌 수 없다. 직접 사업을 하든, 강사를 하든, 직장에서 일을 하든, 알바를 하든 돈을 버는 '행위'를 하지 않으면 돈을 벌 수 없다. 혹시나 로또나 비트코인 같은 것을 이야기할 거라면 우리의 인생에선 그러한 운이 찾아오기는 쉽지 않으니 일단 접어두도록 하자.

나는 회사를 다니면서도 다양한 것을 시도했다. 주말마다 단기 아르바이트를 하기도 하고 다양한 교육에 투자했다. 책 쓰기 수업과 강사 교육과정을 수료했다. 연애컨설턴트를 처음 시작했던 것도 회사를 다니면서다. 나는 그때는 몰랐지만 N잡을 하는 직장인이었던 것이다. 20살부터 나는 펀드를 했다. 그리고 지금은 주식투자를 병행하면서 부동산도 공부하고 있다. 잘하냐고 물어본다면 잃지는 않고 있다고 말할 수 있겠다.

내가 투자했던 교육, 돈을 벌기 위한 시도 중에서 효율적이었던 것도 있었고 오히려 최저시급도 안 나오는 비효율적인 것도 있었다. 하지만 그러한 시도를 통해 내가 무엇을 잘하고 못하는지 조금 더 깊이 이해할 수 있었다. 내 본업인 제약영업직은 하면 할수록 나와 맞지 않다는 것을 알게 되었다. 고로 여기서 하나의 힌트를 얻을 수 있다. 무언가 일을 해보기 전에는 이게 나와 맞는지 안 맞는지를 알 수 없다는 것이다. 그렇기에 시도 그 자체가 의미가 있다. 당신에게 어떠한 기회를 줄지 모른다. 시작부터 겁먹을 필요가 없다는 것이다.

조금 더 구체적으로 접근해보도록 하겠다. 육각형 이론 첫 번째를 이야기하면서 '비전'을 말했다. 여러분이 하는 일에 대한 비전은 사실 돈도 포함이다. 본인이 5년이 지났는데도 지금 연봉이랑 크게 차이가 없다면 '이직'이라는 선택을 할 수 있어야 한다. 그리고 그 이직을 위해서는 본인이 하는 직무에서 역량개발을 강화하는 시간이 필요하고 그걸 포트폴리오화할 수 있어야 한다. 유능한 인재가 되는 것. 가장 필수이자 중요한 부분이다. 자기가 하는 분야에 대해서 몸값을 키워나가는 것. 이것은 필수다.

내가 회사를 나오고 나서, 디지털 노마드라는 것에 관심을 가지고 나서 '정말 이렇게도 돈을 벌 수 있구나' 하고 느낀 것을 정말 과장 안 하고 100번도 넘게 볼 수 있었다. 블로그 광고수익부터 시작해서 온라인 쇼핑몰(네이버 스마트스토어, 해외구매대행, 병행수입, 아마존 등), 온갖 제휴 마케팅, 유튜브, 인스타그램을 활용한 판매 등 정말 많은 방법들이 있었다. 나는 대부분의 것들을 시도해봤다. 그리고 재밌는 것은 대부분의 것들로부터 수익을 거둘 수 있었다.

네이버 블로그를 통한 강의 모집으로 수익을 창출할 수 있었고 네이버 에드포스트라는 네이버 광고로도 돈이 들어온다. 스마트스토어는 '이걸 왜 사지?'라는 생각이 드는데도 사람들이 산다. 유튜브를 통한 강의 모집, 유튜브 광고 수익 등 정말 다양한 부분에서 돈을 벌어봤다. 역시나 이 부분에서 맞는 부분이 있고 안 맞는 부분이 있다. 지금의 나는 맞는 부분에만 집중하고 있다.

여러분은 나에게 질문할 수 있다. "저도 할 수 있을까요?" 인터넷을 켜라. 그리고 유튜브에 부업을 검색해봐라. 온갖 정보를 아주 충실하게 제공해줄 것이다. 게다가 그 정보들은 대부분 무료다. 스마트스토어를 하고 싶으면 스마트스토어를 검색해봐라. 맘에 드는 사람이 있다면 그 사람 것을 구독하고 처음부터 쭉 보는 것이 좋다. 아예 초보들이 어떻게 해야 할지 사람들이 모두 알려준다. 정말 온갖 정보들이 널려 있다. 당신이 시작만 하면 된다.

여기서 주의할 점은 당신과 잘 나가는 사람을 비교하는 것이다. 당신이 인터넷 판매를 시작한다면 신사임당과 당신을 비교하지 마라. 이는 마치 아직 걷지도 못하는 아기가 어른을 보고 '나는 걸을 수 없어'라고 좌절하는 것과 같다. 평범한 사람이면 누구나 할 수 있다거나 방구석에서 할 수 있는 것과 같은 문구에 혹하지 마라. 그들 또한 많은 시간이 걸렸다고 확신한다. 유튜브라는 매체 특성상 과장이 없을 수가 없다. '왜 나는 안 되지?'라고 좌절할 필요가 없다는 이야기다. 누구나 1,000만 원을 벌 수 있다는 스마트스토어에서 나도 망했다.

처음에 우리가 할 수 있는 것은 '해보는 것' 그것 말고는 없다. 하지만 분명히 장담하건대, 어떤 것을 하든 분명히 자신과 맞는 것이 있을 것이다. 세상에 절대 공짜는 없다. 우리의 노력 없이 순식간에 벌어지는 건 없다. 단순히 대학을 들어가기 위해서만 우리는 12년이라는 시간이 걸렸다. 그보다 더 어려운 것을 하려고 하는데 몇 개월 만에 끝내는 것이 말이 되는가? 무언가를 시도해봐야 알 수 있다. 가만히 앉아서 '어떻게든 되겠지'라는 방법으로는 절대 변하지 않는다. **지금 당장 결과를 내지 않아도 좋다. 하지만 매일매일 30분이라도 하느냐 안 하느냐가 결국에는 승패를 가르게 될 것이다.** 당신은 지금 당신을 위해 무엇을 준비하고 있는가?

사랑,
나를 진심으로 사랑하자

최근에 다시 읽고 있는 책이 있다. 자기 신뢰(self reliance) 책으로 유명한 랄프 왈도 에머슨의 《세상의 중심에 너 홀로 서라》라는 책이다. 이 책은 정말 읽으면 읽을수록 새로운 느낌을 받는다. 내가 스스로를 어떻게 바라보느냐에 따라 세상은 달라진다는 내용들이 나온다. 책은 총 3파트로 이루어져 있는데, 마지막 부분은 '나의 사랑'이라는 부분이다. 《세상에 중심에 너 홀로 서라》는 책 제목에서 보듯이 태도와 마음가짐에 대한 이야기가 주를 이룰 줄 알았는데 사랑이라는 이야기가 나와서 더 흥미롭게 봤던 기억이 있다.

누군가를 진정 사랑해본 적이 있는가? 내가 다루기에는 너무나 철학적인 질문이기에 약간은 조심스럽다. 하지만 아마 누군가를 진심으로 사랑했을 때, 당신은 '투사'였을 것이다. 그 어떠한 감정들보다 우선시되는 사랑에 대한 감정을 느꼈을 것이다.

나답지 않게 이렇게 감상적인 문장을 쓰는 이유는 내 첫사랑을 생각하면 나 역시 비슷한 마음이 들기 때문이다. 참 안타깝게도 내 첫 사랑은 실패로 돌아갔다. 3년의 짝사랑이었고 3번의 고백을 했는데 모두 까였다. 그리고 그 친구는 다른 사람과 결혼했다. 지금은 친구로서 편하게 연락하고 있다. 짝사랑 했을 때가 무려 12년 전인데 아직까지도 그 느낌은 생생하다.

당시 나는 재수를 했었을 때였고 공부에 집중해야 되는 가장 중요한 시기였다. 하지만 사랑이라는 감정은 그 모든 스트레스와 내가 해야 할 일을 압도했다. 내가 수능에서 시원찮은 점수를 받았다는 것을 합리화하는 것은 아니지만 당시엔 정말 불나방 같았다. 그렇기에 후회는 없다.

다만 아쉬운 것은 이러한 내 감정을 온전하게 상대방에게 전달하는 법에 미숙했다는 것이다. 아마 그래서 나는 지금 연애컨설턴트라는 N잡 중 하나를 가지고 있는지 모른다. 당시의 강렬했던 기억은 '도대체 어떻게 내 마음을 잘 전달하는 거야?'라는 것을 집중적으로 공부하는 계기가 되었다.

나는 누군가를 진정으로 좋아한다는 감정을 그 이전에는 느껴본 적이 없다. 솔직히 말해서 사람 자체가 너무 어려웠기 때문에 그럴 기회도 없었다. 나 스스로조차 사랑할 수 없는 상황에서 누구를 사랑할 수 있으랴.

첫사랑 친구가 결혼하기 전에 같이 술자리를 한 적이 있다. 당연히 이성으로서의 감정은 이미 사라진 지 오래이기에 편한 자리였다. 나는 그 자리에서 이 친구에게 솔직하게 이야기했다.

"너 덕분에 내가 사랑이라는 감정을 알고 그것에 대해서 깊이 탐구하고 이해하게 되었다. 고맙고 정말 너를 짝사랑하지 않았으면 나에게 그러한 경험은 없었을 거야."

진심이었다. 그리고 현재의 나는, 정말 내가 사랑하는 연인과 좋은 나날들을 보내고 있다.

사랑은 당신 인생에 절대 놓쳐서는 안 될 가장 중요한 것 중 하나이다. 그리고 그 중심에는 2가지가 있다. 첫 번째는 타인에 대한 사랑, 두 번째는 나에 대한 사랑이다. 첫 번째부터 살펴보자. 나는 연애컨설턴트다. 다양한 연애를 봐왔고 성사시켰으며 사람들이 어느 부분에서 어려움을 겪는지 잘 알고 있다.

내가 내린 결론은 다음과 같다. 역설적이게도 '관계'가 인생에 중심이 되면 결론은 좋지 않다. 기본적으로 당신은 당신의 삶을 살아야 한다. 여러분의 인생을 절대 남자 친구, 여자친구가 대신 살아주지 않으며 그로 인해 보상받을 수 없다. 순간적인 안정과 만족은 가져오지만 절대 그것이 지속적이지 않다.

지나치게 연락에 집착하는 사람들, 만남에 집착하는 사람들, 소위 '구속'하는 사람들을 많이 봐왔다. 그들 대부분은 불안한 마음상태를 가지고 있다. 상대방에 대한 믿음 이전에 스스로에 대한 믿음 자체가 떨어져 있다. 다시 한 번 말하지만 상대방이 아무리 건강하고 멀쩡해도 여러분은 여러분 스스로 올곧게 서지 못한다면 제대로 된 사랑을 할 수 없다.

더욱 슬픈 건 상대방도 여러분의 그러한 에너지를 느끼고 떠나가 버릴 가능성이 높아진다. 순간은 연기가 가능하지만 그걸 평생할 수는 없다. 만났을 때는 만남에 집중하고 행복을 느껴라. 다만, 그 이외에는 온전히 자신에게 시간을 쏟아야 한다. 이것은 2번째와 연결이 된다.

다음으로 '나에 대한 사랑'에 대해 알아보자.

나에 대한 사랑은 기본적으로 스스로 똑바로 살고 있다는 느낌, 더 나아가서 미래가 기대되는 느낌과 관련이 있다. 당신이 스스로 똑바로 살고 있다는 느낌을 받으려면 당연히 많은 시간이 필요하다. 나처럼 상처를 많이 받고 자랐다면 온갖 트라우마가 자기도 모르는 사이에 있을 것이다. 트라우마를 해결하는 것은 '위로'로는 한계가 있다. 호랑이를 잡으려면 호랑이 속으로 들어가야 한다. 트라우마와 직접 대면하는 시간을 가져야 한다.

20대 중반, 나는 내 속의 작은 아이를 발견했다. 그 아이는 중학교, 고등학교 시절 친구들에게 놀림 받으며 힘들어했던 아이였다. 처음엔 그 아이는 '내가 아니야. 나는 지금 달라졌어!'라고 생각하며 외면했다. 하지만 그 아이는 매번 나를 찾아왔다. 맞다. 그 아이는 바로 나였다. 나는 그 아이를 안아줘야 했다. 일부러 나를 괴롭혔던 친구들을 떠올렸다. 나도 모르게 마음속으로 분노가 치밀어 올랐다. 심장이 빨리 뛰는 게 느껴졌다. 대면하는 그 순간이 너무 힘들었다. 하지만 그때 도망가지 않았다. 그리고 스스로에게 말해 줬다.

"원준아. 그때의 너는 너무 고생 많았다. 네가 그렇게 된 것은 절대 너의 잘못이 아니야. 그때의 네가 있었기 때문에 그걸 극복하려는 지금의 네가 있단다. 너는 정말 멋있게 잘 자라줬고 네가 그때의 시절이었든, 그리고 지금이든 절대 변하지 않고 너는 너야. 너는 몰랐지만 너는 행복할 의무가 있단다. 무엇보다 잘 견뎌주고 스스로 잘 살아줘서 너무 고마워."

쓰면서도 울컥하다. 실제로 그때 이러한 독백을 하면서 많은 눈물을 흘렸다. 하루가 아니라 며칠, 몇 달이 걸려 얻은 결론이었다. 그러면서 생각은 나를 괴롭혔던 친구들에게 이어졌다. 분노만 치밀었던 친구들에게도 마음속으로 다가갈 용기가 생겼다.

'그때의 그 친구들이 잘못했던 것도 맞아. 하지만 분명히 그때의 그 친구들은 어렸고 제대로 된 분별력도 없는 힘들었던 사춘기였어. 그 친구들도 태어나서 처음 중학생이 된 거고 고등학생이 된 거니까. 그 친구들도 사춘기가 처음이었어. 각자의 위치에 있겠지만 그때의 그 행동들을 이해해주자. 용서해주자, 원준아. 너는 지금 충분히 멋있게 잘 자라왔어. 괜찮아.'

스스로 대화를 나누던 어느 저녁, 나는 그 친구들을 용서하게 되었다. 물론 직접 만난 적은 없지만 진심으로 용서하게 되었다. 내가 이러한 이야기를 당당하게 말할 수 있는 것도 그들을 용서했기 때문이다. 내 트라우마는 스르르 녹았고 나에 대한 사랑은 더욱 깊어져 갔다. 아마 이 시점부터였던 것 같다. 스스로를 진심으로 사랑하게 되었던 것은.

누구나 트라우마가 있다. 상처도 있다. 부모님에 대한 상처, 친구들에 대한 상처, 매정한 사회에 대한 상처 누구나 가지고 있다. 하지만 스스로 대면해서 그것과 화해하지 않으면 그것은 절대 사라지지 않는다. 감출 순 있어도 계속 존재한다. 이 트라우마를 잘 해결해줘야 자신을 믿는다는 느낌을 가져갈 수 있다.

그 이후에는 대부분의 시간을 자기에게 투자하는 것이다. 내가 좋아하는 것, 하고 싶은 것의 리스트를 적어보고 그것을 행해본다. 오늘의 일과를 정리하고 무엇을 잘했고 못했는지 스스로 체크한다. 일기를 써보고 생각을 정리한다. 나와 온전히 친해지는 시간을 많이 가져가는 것이다. 나는 그게 똑바로 사는 길이라고 생각한다.

스스로를 외면해서는 절대 행복할 수 없고 누군가를 진심으로 사랑할 수 없다. 나와 보내는 시간, 내 생각을 탐구하는 시간, 내 생각을 정리하는 시간이 무조건 필요하다. 그러다 보면 자신이 무엇에 어려움을 겪는지, 미래에는 어떤 것을 하고 싶은지와 연결이 된다. 이를 반복하다 보면, 그리고 하나씩 해나가다보면 트라우마를 가진 내가 아닌, 온전한 나로 살게 된다. 그리고 이러한 것을 상대방도 느낀다. 그때 사람은 매력을 느낀다. 그렇게 올바른 사랑은 시작된다. 나는 그래서 항상 이야기한다. 사랑이 문제면 먼저 스스로의 삶부터 돌아봐야 한다고.

대인관계,
새로운 환경에 노출하라

중학교 시절 나는 착한 사람 증후군이 있었다. 착한 사람 증후군은 모든 사람에게 착한 사람으로 비춰지기를 바라는 심리, 인정받고 싶은 심리에 기초한 행동을 가리키는 말인데 나의 과거에는 이러한 부분이 너무 심했다. 중요한 것은 남에게 잘 보이려고 하는 것도, 남에게 욕을 먹기 싫은 것도 내 의사와는 전혀 상관없이 이루어졌다는 것이다. 내가 해야 할 일이 바쁨에도 불구하고 거절을 하면 남이 나를 싫어할까봐 모두 다 해주었고 그게 습관이 됐다.

사람 면전에서 거절하는 것은 무엇보다 힘들었다. 쓸데없는 약속을 잡아서 고생한 적도 한두 번이 아니었다. 이 대부분의 것들은 내가 거절만 하면 되는 단순한 것들이었다. 어느 순간부터 이런 나 스스로가 너무 비참하게 느껴졌다. '왜 나는 나를 위해 살지 않고 타인의 인정을 위해 사는가?'라는 생각이 들었을 때부터는 조금 더 강하게 나가게 되었다. 중간이 없었다. 사소한 것에도 억지를 부리기 시작했고 내 말투는 시니컬해졌다. 누군가는 무례하다고 느꼈을 것이다.

재미있는 사실은 내가 전적으로 남에게 맞춰주기 위해 노력했을 때와 완전히 내 마음대로 살기 시작했을 때 나를 좋아하는 사람의 비율은 비슷했다는 것이다. 내가 남을 맞추기 위해 최선의 노력을 다할 때도 주관이 없다며 나를 싫어하는 사람들이 있었다. 반대로, 내 주장이 너무 세졌을 때 싸가지 없다며 나를 싫어하는 사람도 비슷한 비율로 존재했다. 앞에서 언급한 2.6.2 법칙이다.

싫으면 싫다고 해도 좋다. 하기 싫으면 안 해도 좋다. 물론 회사의 상사라면 조금 이야기는 달라지겠지만 아무리 회사여도 당신을 향한 비합리적인 대우를 해결할 수 있는 사람은 당신밖에 없다. **스스로 권리를 절대 포기하지 마라. 우리는 스스로 싫다고 말할 권리가 있고 거부할 권리도 있다. 단지 우리가 잊어먹은 것뿐이다. 그것을 생각한다면 당신이 인간관계를 맺어갈 때 조금 더 수월하고 편하게 맺어갈 수 있다.**

이제 나에게 관심 없는 6명의 사람들. 이 사람들 중에 절반만이라도 나를 좋아할 수 있다면 우리의 인간관계는 성공적일 것이다. 지금부터 내가 생각하는 인간관계의 팁들을 공유해보도록 하겠다.

자기의 뜻대로 산다고 하는 것은 우리가 가진 가치관을 바탕으로 행동한다는 것이지 이기적으로 산다는 것이 아니다. '이기심'을 좋아하는 사람은 세상에 없다. 그리고 이 이기심이 상대방에게 노출된다면 당신은 정말 어마어마한 기회를 놓치게 될 수도 있다. 이기심을 보이지 않는 방법은 간단하다. 손해 보는 것이다. 여기서 말하는 손해는 간이고 쓸개고 다 주라는 말도 아니고 밥 먹는 자리에서 모든 밥 값을 계산을 하라는 것도 아니다.

큰 선택이 아니라 사소한 선택의 순간이 오면 그냥 손해 보는 습관을 들이라는 것이다. 그리고 이 손해 보는 습관은 타인에게는 당신이 이타심이 있는 사람으로 보이게 한다. 사람들은 '손해를 보는 것'에 매우 민감하게 반응한다. 왜냐하면 단기적인 손실이 딱 눈앞에 보이기 때문이다. 하지만 그 단기적인 손실 때문에 큰 것을 놓친다.

예를 들어보자. 친구와 밥을 먹었다. 더치페이를 하기로 했는데 11,500원이 나왔다. 이럴 때 보통은 5,575원으로 정확히 N등분 할 수 있다. 만약 당신이 이런 제안을 한다면 손해 볼 일은 없지만 계산적이라는 인상을 심어줄 수 있다. 이때 만약 내가 "6,150원을 낼게. 너는 5,000원을 내"라고 말한다고 해보자. 당신은 500원정도의 손해를 보지만 오히려 좋은 이미지를 상대방에게 심을 수 있다. 손해를 보지만 더 큰 것을 얻는 것이다.

오랜만에 지인을 보았다. 그냥 밥을 산다. 몇만 원정도 나오겠지만 그 몇 만 원 있고 없고가 우리 인생을 크게 좌지우지하지 않는다. 물론 랍스타를 먹는다면 당연히 더치페이를 해야 한다. 하지만 사소한 것들에 손해 보는 연습을 하게 되면 당신은 분명 좋은 이미지로 상대방에게 비춰질 가능성이 크다. 마음이 불편한 것 안다. 하지만 정말 믿어도 좋다. 정말 짠돌이에 구두쇠였던 내가 이미지를 180도 바꿀 수 있었던 것이 바로 손해 보기다. 손해를 봤지만 인간관계와 인생은 더욱 잘 풀리는 신기한 마법이었다.

두 번째는 노출이다. 이게 갑자기 무슨 소리냐고 이야기하겠지만 정말 중요한 부분이므로 집중해서 봐주길 바란다. 당신의 일주일을 생각해보자. 아마 99%의 확률로 '만나던 사람만 계속 만날 것'이다. 그러다 갑자기 이제 새로운 사람과의 만남이 있다고 쳐보자. 그것은 소개팅이 될 수도 있고 새로운 모임이 될 수도 있고 기업 면접일 수도 있다. 기존의 만나던 편안함은 사라지고 당신은 경직될 것이다. 친구를 만났을 때 당신은 분위기 메이커일 수도 있고 편하게 자기 이야기를 하는 사람일 수도 있지만 새로운 환경에서의 당신은 '꿀 먹은 벙어리'가 되어버린다. 그렇게 좋은 이성을 놓치고, 모임에서는 출석체크만 하는 사람이고, 기업 면접에서는 탈락의 결과를 가져오게 된다.

여기서 중요한 부분은 '새로운 환경'이다. 당신이 인싸이거나 새로운 사람을 만나는 데 거리낌이 없다면 오히려 내가 배워야 할 부분이다. 하지만 만약 낯을 가리거나 새로운 자리에 심한 어색함을 느낀다면 나를 믿고 따라 오길 권한다. 나는 사람의 눈도 제대로 못 봤던 사람이고 사람들이 너무 어려워서 출석조차 하지 않은 사람이었기 때문이다.

새로운 자리에서 당신의 이야기를 할 수 있는 것. 이게 최종적인 목표라고 치고 어떻게 빌드업(Build up) 할 수 있을지에 대해서 말해보겠다.

첫 단계는 당연히 새로운 자리에 대한 노출이다. 지금 어색함을 느끼는 것, 집으로 도망가고 싶은 느낌들은 사실은 당연하다. 나도 그랬다. 너무 어색해서 몸이 꼬이는 듯한 느낌은 이상한 것이 아니다. 단지, 새로운 모임 자체에 대해 스스로 선택해서 노출되어 본 적이 없기 때문이다. 초등학교부터 대학교까지 그리고 학원, 직장까지 사람들을 우리가 직접 선택해본 적이 없다. 하지만 이제부터는 본인 스스로가 선택해서 노출하는 것이다.

당신이 만약 책 읽는 것을 좋아한다면 이제 더 이상 혼자서 읽지 마라. 독서모임에 나가보는 것이다. 트레바리라는 좋은 독서모임이 있고 소모임이라는 여러분들과 공통된 취미가 있는 사람들이 모여 있는 공간이 있다. 당신과 취향이 비슷한 사람들을 찾고 그 자리에 나가는 것이다. 우선 나가는 것이다.

여기서 중요한 것은 사람이 너무 많은 곳에 가면 오히려 기가 죽을 수 있기 때문에 최대 8인이 넘지 않은 곳이 좋다. 나가면 당연히 어색하다. 똑같이 집에 가고 싶을 것이다. 하지만 이때가 중요하다. 한 번이 아니고 최소 세 번 이상은 나가야 한다. 처음엔 가만히 있을 수 있다. 그게 당연한 것이다.

두 번째부터는 방향성을 조금 달리 해본다. 양 옆에만 말 걸기라고 스스로 미션을 줘보자. 그리고 그 미션만 달성하면 성공이다.

세 번째는 2명보다 많은 사람에게 말 걸기. 이런 식으로 단계적으로 당신의 허들을 넘어가는 방법이다. 그런 와중, 당신이 2번, 3번, 5번 정도 모임에 노출되면 이제 '낯선 모임 자리'가 '편안한 모임자리'가 될 것이다. 그때부터 당신은 원래 당신의 모습들을 편하게 보여줄 수 있다. 이 과정을 반복해야 한다.

그렇게 하면 정말 장담하건대, 대부분의 낯선 환경이 '아 불편은 한데, 그래도 막 어색하거나 그렇진 않네. 그냥 오늘도 내 할 말이나 해야지'와 같이 변하게 된다. 바로 이 시점부터 당신은 새로 찾아오는 기회를 더 많이 잡을 확률이 높아진다. 이성과의 소개팅, 기업 면접 등 다양한 부분에 영향을 미칠 것이다. 이 파트의 궁극적인 목표. 새로운 자리에서 당신의 이야기를 할 수 있는 것. 이 부분만 된다면 당신은 인간관계에 크게 어려움을 느끼지 않게 될 것이다.

이 밖에 인간관계의 정말 디테일한 스킬은 다른 책들을 통해서도 충분히 배울 수 있다. 하지만 모든 이론이 그렇듯이 적용하기가 어렵다. 나도 수많은 인간관계에 관한 책을 읽었지만 나랑은 너무 안 맞는 것들도 많았다. 하지만 내가 설명한 큰 2가지의 틀은 모든 인간관계를 넘어 당신이라는 사람을 조금 더 당신답게 만들어주는 방법이다. 속는 셈 치고 한번 해보자. 친구 하나 없던 내가 변했듯 당신 역시 변할 수 있다.

사회성,
기회는 사람으로부터 온다

나는 내성적인 성격이다. 힘이 들 때는 혼자 쉬는 걸 좋아하며 스트레스를 받으면 사람을 오히려 만나려고 하지 않는다. 일정 시간 이상 사람을 만나면 에너지가 소모됨을 느낀다. 그렇기에 겉으로 보이는 이미지와 다르게 혼자 있는 시간을 많이 보내는 편이다. 나는 이런 내 기질적인 성향을 바꾸기 위해 많은 노력을 해봤다. 일부러 피곤할수록, 힘들수록 사람을 만나보기도 했으며 어색하지만 인싸를 흉내내보려고 한 적도 있었다.

하지만 그 모든 결론은 나와 어울리지 않는다는 것이었다. 결국 나는 내성적인 성격을 바꿀 수 없었다. 하지만 나의 성격과 스스로에 대한 이해도가 높아졌다. 나의 기질적인 특성은 마치 유전과 같아서 바꾸기 힘들다. 하지만 다양한 외부상황 노출은 나에게 사회성의 향상을 가져다주었다. 인싸들만큼 외향적이지는 않았지만 어떠한 외부자리에서든 내 느낌을 전달할 수 있는 것, 내 이야기를 할 수 있는 것, 이거면 충분했다.

여기서 중요한 것은 내 사회성의 대부분은 후천적으로 향상되었

233

다는 부분이다. 바로 앞에서 강조한 대인관계의 부분과 계속 이어지는 내용인데 당신이 만약 나와 같이 선천적으로 내성적인 사람이라면 다시 한 번 우리가 인싸가 될 필요는 없다고 당당하게 말할 수 있다. 다만, 노출을 통해서 틀을 확인해야 한다. 이 틀은 일종의 규율 같은 것이다.

　우리는 대한민국이라는 나라에 산다. 우리나라는 우리에게 고등학교까지 의무교육과정으로 공부할 기회를 준다. 또한 범죄에 관해서는 처벌을 받고 대마초와 같은 불법 마약은 취급해서는 안 된다. 이를 어떻게 알았냐고? 내가 성장하면서 이야기를 듣고 '아 이런 것은 하면 안 되는 것이구나'라고 습득했기에 알게 된 것이다. 사회에서 주는 경각심을 이해하고 나쁜 짓을 하게 되면 벌을 받는다는 것을 TV 사례와 주변 사례 등의 경험을 통해서 내가 어떻게 행동해야 할지 이해하게 된 것이다.

　사회성이 개발된다는 것도 이와 같다. 초등학교 1학년으로 돌아가보자. 우리는 모든 것이 낯설다(유치원을 다니지 않았다는 것을 가정하고). 선생님이라는 사람, 한 반에 다양한 사람들이 모여 있는 것, 점심시간이 되면 급식판에 밥을 먹는 것, 누군가에게 좋아한다는 감정을 느끼는 것, 이 모든 것이 초등학교 1학년에게는 낯설고 어렵고 이해가 되지 않는 과정일 것이다. 하지만 시간이 지남에 따라 우리는 적응한다.

　오늘은 토요일이기 때문에 학교 수업이 일찍 끝나는 것도 알고,

아무것도 모르고 한 행동이 누군가에게 상처가 되어 선생님에게 혼나기도 한다. 그렇게 2학년, 3학년을 지나 마침내 고등학교 때까지 자연스럽게 받아들이면서 성장한다.

하지만 여기에는 큰 함정이 하나 있다. 바로 내가 선택하지 않았다는 것이다. 자연스럽게 주어진 환경에서 적응하는 법을 우리는 직접 경험하면서 터득했지만, 성인인 20살이 된 우리는 이제 모든 걸 스스로 선택해야 한다. 학교를 등록했지만 나는 학교를 가지 않아도 된다. 동아리의 가입도 자유다. 어떤 친구들과 어울릴지도 내 자유다. 나이는 20살이 됐지만 다시 초등학교 1학년이 된 셈이다. 그러면 우리는 여기서 어떻게 행동해야 할까?

간단하다. 정말로 초등학교 1학년이 되었다고 생각하면 된다. 새로운 환경에 노출이 된다. 낯설다. 이것 역시 당연하다. 먼저 말을 건다. 당황스럽다. 하지만 이건 역시 당연하다. 너무 화가 나서 지나치게 화를 내고 성질을 부렸다. 그렇게 모임에서 탈퇴를 당한다. 여기서 '아 모임에서는 이렇게 하면 안 되는구나. 조금 더 정중하게 말해야겠구나'라는 걸 깨닫게 된다. 그리고 다음 모임에 간다. 조금 더 순화해서 자신의 감정을 표현한다. 이번 모임은 주2회 무조건 참석이지만 나는 너무 귀찮아서 한 번만 가게 되었다. 불성실이라는 이유로 다시 탈퇴를 당했다. 그리고 다시 깨우친다. '아 모임에는 규칙이 있고 이것은 꼭 따라야 되는 것들이구나.' 당신이 세 번째 모임에 들어갔을 때는 감정에 대해서도 절제해서 표현하고 조직의 규범을 지키려고 노력하게 된다. 그렇게 잘 적응하게 된다.

나는 사회성이 정확히 이와 같다고 생각한다. 사회성이라는 것을 정의하고 그것의 특징을 설명하기에는 나는 전문가가 아니다. 하지만 **사회성의 개발이라는 측면에서 봤을 때 시행착오라는 것은 빼놓을 수가 없다.**

모든 사람들과 잘 지내지 못하는 나였기 때문에, 사람이 너무 어려운 나였기 때문에 20대 중반이 되어서야 다시 초등학교 1학년의 마음으로 사회에 노출되려고 노력했다. 사소한 것으로 싸우기도 했고 분위기를 업시켰던 경험도 있고 분위기를 개판 5분 전으로 만든 경험도 있었다. 이 모든 경험이 지금 돌이켜보면 사회성의 발전과 연관이 있었다.

어떤 사람을 만났을 때 또는 어떤 조직에 속하게 됐을 때, 이 정도 선은 괜찮고 선을 넘었다는 걸 우리가 책을 100번 보는 것보다 직접 체험해보았을 때 알 수 있다. 이제 나는 어떤 모임에 가든 스스로를 적당히 어필하는 방법에 대해서 무의식적으로 체득하게 되었다. 내 의식은 몰라도 무의식은 알고 있다. 이것은 100% 많은 시행착오 덕분이었다.

두려워하지 않기를 바란다. 타인의 일희일비하는 반응은 우리의 목표가 아니다. 우리는 더 큰 대의를 가지고 있다. 사람을 대하는 것이 어렵지 않을 때, 정말로 더 많은 기회들이 찾아온다. 일례로 내가 유튜브를 시작했던 것, 그리고 더욱 키울 수 있었던 것, 인스타그램, 블로그, 스마트스토어, 무자본 창업, 연애 이 모든 것들은 내가 글로 공부하고 유튜브로 공부했을 때보다 직접 관련 '종사자'들과 편안하게 이야기 했을 때 더 많은 걸 배우고 내 삶에 적용할 수 있었다. 이번 주부터는 '해외주식 모임'에 가입했다. 자소서까지 쓰면서 힘겹게 들어가게 된 모임인데 더 많이 배우고 적용할 생각을 하니 벌써부터 기분이 좋다.

다시 강조하지만 **기회는 사람으로부터 온다. 100권의 책, 100편의 유튜브보다 관련 종사자 몇 명과 심도 깊은 대화를 나눴을 때 훨씬 더 빠르게 기회가 온다. 인간관계와 사회성 부분은 특히 집중해서 다시 읽기를 바란다.** 나 역시 지금도 매일 실천하고 있는 부분이다. 이 모든 것이 후천적으로 개발됐음을 기억하라.

휴식,
쉬는 것도 연습이 필요하다

내가 가장 고민이 많았던 것이 바로 마지막인 휴식이다. 잘 쉬는 것이 무엇인가에 대해 결론을 내리려고 해도 도무지 정답이 떠오르지 않았다. 몇 가지를 시도해보았다. 우선 잠을 길게 자봤다. 더 피곤했다. 하기 싫은 일은 그대로 있었고 여전히 피하고 싶었다. 번 아웃은 사라지지 않았다. 여행을 떠났다. 여행에서 느끼는 감정은 너무 좋았다. 하지만 역시 현실은 바뀌지 않았다. 현실로 복귀하자마자 다시 여행을 떠나고 싶다는 생각이 들었다. 마음의 위안을 주는 책들과 영상들? 역시 일시적인 도피처일 뿐이었다. 내가 해야 될 것은 하나도 바뀌지 않았다.

결국 이러한 시도 끝에 하나의 결론에 도달하게 되었다. 일시적인 방편을 찾는 것으로는 결국 내 문제들은 해결되지 않는다. 어쨌든 나는 계속 일을 해야 하고 내가 하기 싫은 일들은 앞으로도 계속 있을 것이고 내가 그것을 피하는 순간 내 성장과 발전도 멈춰버릴 것이라는 것이다. 우선 받아들여야 했다. 이러한 사실을. 로또나 일시적인 도박으로 삶을 바꾸는 것은 바라지도 않기 때문에 '그래

서 지금 나는 무엇을 할 수 있나?'라는 물음을 스스로에게 던져보
았다.

결론부터 말하자면 평소에 쉬는 연습을 해야 한다. 그리고 그게
'감정과 마음'의 휴식이어야 한다. 군대를 생각해보면 몸이 힘든 것
은 버틸 만했다. 하지만 정신적인 고립은 나를 정말 미치게 했다.
그런데 정신적으로는 계속 스스로를 쪼아대면서 몸만 쉬기 위해
발버둥치고 있던 것이다.

《타이탄의 도구들》이라는 책을 보게 되었다. **성공하는 모든 사
람들은 명상을 한다는 구절을 보았다. 삶에 적용했다. 감사일기
역시 적혀 있었다. 하루를 마감할 때는 감사일기를 적었다. 목표
를 위해 밀어붙이는 스스로에게 이미 주어진 것들에 대한 감사
를 의도적으로, 의식적으로 주입시켰다.** 명상과 감사일기, 감사
하는 마음, 모두 처음엔 극한의 거부반응을 가져왔다. 하지만 나는
환자였다. 휴식이 필요한 환자였다.

내 마음을 스스로 보듬어주지 않으면 안 됐다. 그래서 매일매일
명상, 감사일기 쓰기 등을 했다. 혼자가 힘들어서 명상 모임에도 가
입해서 참여하고 감사일기를 같이 하는 모임에 들어가서 저녁마다
올렸다. 처음에 그렇게 귀찮았던 것이 하루라도 하지 않으면 뭔가
허전하고 불안했다. 아침에 일어나면 명상부터 켰다. 자기암시와
확언부터 외치게 되었다. 출근길에는 감사함에 대해서 생각하게 된
다. 잠자기 전에는 감사일기를 쓰면서 아무리 하루가 최악이었더라

도 고마움을 찾게 되었다. 그렇게 하는 나는 어떻게 되었을까?

여전히 짜증도 내고 화도 낸다. 지치기도 한다. 하루를 망쳐버리기도 한다. 후회도 한다. 하지만 그 기간이 줄었다. 처음엔 번 아웃이 오면 한 주간은 정말 모든 것을 손 놓고 싶을 정도였다. 감정적으로 화나는 일을 겪게 되면 하루 종일 기분이 좋지 않았다. 하지만 그게 5일, 3일, 1일로 줄었고 화나는 일을 겪어도 그걸 과거보다 더 빨리 털어내게 되었다. 덜 지치게 되었다. 꾸준히 할 수 있는 힘을 얻게 되었다.

그러면서 알게 되었다. **세상에 완전히 평온한 상태라는 것은 나에게는 너무 어렵지만 그러한 상태를 유지하기 위해 노력하다 보면 그게 바로 '휴식'으로 스스로에게 다가오는 것이라는 것을.**

명상과 감사일기. 감사하는 마음. 너무 간단한가? 아니면 너무 상투적인가? 하지만 우리에게 몸의 휴식보다 중요한 것은 마음의 휴식이라는 것을 꼭 이해하길 바란다. 이 글을 쓰면서도 다시 한 번 스스로에게 되뇌이고 있다. 그리고 나와 같은 문제가 있다면 믿고 그냥 한번 꼭 해보라고 말하고 싶다. 하루의 단 5분만이라도 마음의 휴식을 줄 수 있다면 우리 마음은 멀리 떠나가려 하지 않고 우리 옆에서 그대로 있어줄 것이다. **내 마음을 보듬어주는 것. 나는 그것이 진정한 의미의 '휴식'이라고 생각한다.**

이는 아무리 많은 돈, 명예 그리고 당신이 원하는 것을 모두 가져도 행복을 담보해주지 않는 것과 같다. 당연히, 우리 삶에서 위에 언급한 것들은 모두 중요한 것들이다. 내가 하고 싶은 말은 돈,

이성친구, 명예, 물질적 성취가 필요 없다는 것이 아니다. 당연히 중요하다. 하지만 이 모든 것들은 결과이다. '결과물'의 공통적인 특성은 결과가 달성되어지면 끝나버린다는 것이다. 하지만 지쳐 있는 우리의 마음은 계속 우리 옆에 있다. 가장 중요한 것을 놓치는 우를 범하지 않기를 바란다. 휴식이 꼭 필요하다.

내가 좋아하는 것과
내가 잘하는 것

이 책을 읽는 여러분은 분명 "내가 좋아하는 일을 하라"는 말을 살면서 한 번씩은 들어봤을 것이다. 당연히 나는 여러분들에게 이런 케케묵은 이야기를 할 생각이 없다. 그런데 "내가 좋아하는 일을 하라"는 것에는 우리가 모르는 비밀이 숨겨져 있다. 대부분의 성공한 사람들은 그 이전에 이미 다른 일로 수많은 실패 경험을 가지고 있다는 것을 알고 있는가? 성공한 사람들이 내가 좋아하는 일을 하라고 말하는 것은 그들 역시 수많은 경험과 실패를 통해서 자신이 무엇을 잘하는지, 좋아하는지 알게 되었기에 그렇게 이야기하는 것이다. 그들 또한 우리와 같은 '미생'일 때는 정작 그들이 정말 무엇을 좋아하는지 알았을까? 나는 이 부분에 대해서 아주 많은 생각을 했다.

내가 좋아하는 것과 내가 잘하는 것

정말 A4용지가 빽빽하게 2~3장 적어나갔다. 당시 나는 회사를 취업하기 전이었고 나에 대해서 스스로 생각했을 때 '영업직'이 천직이라는 결론이 나왔다. 더불어서 회사 생활이라는 안정감이 나에게 날개를 달아줄 것만 같았다. 하지만 정확히 나는 2년 후 퇴사를 했다. 더 큰 꿈이 있어서가 아니었다. 내가 좋아하는 것이라고 느꼈던 것이 정말 내가 좋아하는 것이 아니라는 증거만 확인했을 뿐이다.

내가 선택한 대부분의 것들이 비슷했다. 이 분야는 잘하겠지라고 생각한 것과 직접 부딪혀보면 다르고, 내가 잘하는 것과 좋아하는 것에 온도 차이가 있다는 걸 알았다. 이 책의 모토인 "모든 기회는 행동에서 온다"라는 내용과 일맥상통하는 부분이다. **내가 생각하기에 맞다고 생각하는 것을 실제로 행동해보았을 때 맞을 수도 있고 틀릴 수도 있다. 그건 절대 직접 해보기전까지는 모른다.**

나는 지금의 여자친구를 우연히 잠실역을 걸어가다가 너무 마음에 들어서 번호를 물어봤다. 잘될지 안 될지 확신은 없었지만 안 물어보면 후회할 것 같다는 생각이 들었기에 용기를 내서 물어볼 수 있었다. 내가 만약 "이러한 방법으로는 절대 이성친구를 만날 수 없어"라는 생각이 있었다면 시도조차도 할 수 없었을 것이다. 내가 나의 이러한 개인적인 사례까지 넣는 이유는 정말로 여러분이 지금 스스로에게 무엇이 맞을 것이다, 무엇이 나와 안 맞을것이다는 것은 추측에 불과하다는 것이다.

1년 전 회사를 퇴사한 후, 나는 내가 지식 창업을 할 줄 몰랐다.

2년 전 나는 조직생활에 잘 맞는 줄 알았다. 나는 어른들을 만나면 항상 좋은 관계를 유지해왔기 때문에 당연히 회사에서도 잘 적응할 줄 알았다. 하지만 회사 내부 영업은 나에게 너무 힘든 일이었다.

당신은 스스로에 대해 잘 아는가? 너무 모르는 것도 문제지만 너무 잘 알아도 문제다. 그 앎으로 인해서 정작 당신에게 올 진정한 기회를 놓칠 수도 있다. 판단을 하기보다는 우선 해봐라. 지금은 충분히 그래도 괜찮다. 그리고 나서 판단해봐라. 이것이 나한테 맞는지 안 맞는지. 이러한 작업을 1년만 해봐라. 그러면 당신에겐 정말 많은 '잘하는 무기'가 생기게 될 것이다. 내가 장담하겠다. 그러니 지금 당신의 무기를 찾으러 나가보자.

열심히보다
방향성이 중요하다

TV를 안 본 지가 꽤 오래됐다. 집에 오면 예전 같았으면 TV를 보러 거실로 가겠지만 지금은 바로 내 방으로 가서 노트북을 킨다. 그리고 유튜브를 켜고 내가 구독했던 채널의 영상들을 본다. 자기계발에서부터 웃긴 프로까지 내가 보고 싶은 것은 모두 유튜브에 있다. 그렇게 남의 유튜브만 쭉 보던 중, 문득 다음과 같은 생각이 들었다. 나도 이 정도 이야기는 할 수 있을 것 같은데? 내 메시지를 편하게 전달할 수 있는 곳이 있으면 좋겠다는 생각이 들었다. 그렇게 유튜브를 시작했다. 삼각대도 사고 조명기구도 사고 드디어 내 방에서 처음 촬영을 시작했다. 카메라만 보면서 허공에 외쳐대는 것이 여간 쉬운 일이 아니었다.

표정은 굳고 어찌어찌 촬영을 마쳤는데 그걸 또 편집까지 해야 한다니…. 생전 편집이라는 걸 해본 적이 없기 때문에 유튜브를 올리기 위해 유튜브를 보고 공부하는 단계까지 오게 되었다. 그래서 처음 10분짜리 영상을 올리는 데 5시간 이상의 시간이 소요되었다. 한 편, 두 편 올리다가 구독자 증가를 위해 친구들에게도 열심히 알려도 보았다. 내 나름의 노력(?)을 했지만 결과는 8개월 동안 구독자 200명밖에 모으지 못했다. 잠시 손을 놓고 있을쯤, 구독자 1만 명의 유튜버를 만나게 되었다. 그 지인은 나에게 말해주었다.

"원준 형님. 지금 이 상태로 쭉 올리셔도 크게 변화가 없으실 거예요. 자기가 할 말보다 더 중요한 것은 사람들이 좋아하는 것이 무엇인지 알아야 합니다."

머리를 쿵 때리는 소리였다.

나는 유튜브를 그동안 20편정도 올리면서도 사람들이 무엇을 좋아하는지에 대한 감이 없었다. 유튜브 알고리즘이라는 것에 대해 생각해본 적도 없었다. 그때부터 유튜브를 위해 유튜브를 공부했다. 유튜브에 나와 있는 유튜브 알고리즘에 대한 영상들을 모두 다 보기 시작했고 정리했다. 또한 구글에드센스 포럼과 같은 곳에서 세부적으로 사람들이 무엇을 좋아하는지, 어떻게 영상을 구성해야 하는지, 체류시간이란 것은 무엇인지와 같은 것을 익히기 시작했다. 그리고 하나하나씩 영상에 적용해보았다. 올해 1월 구독자 200명에서 2월이 되었을 때는 400명. 3월이 되었을 때는 2,000명. 4월을 지나 5월이 되었을 때는 8,000명을 넘어서게 되었다.

나는 이 글을 통해서 유튜브 알고리즘에 대해 이야기하고 싶어서 적은 것이 아니다. '열심히'라는 단어를 우리는 너무 쉽게 사용한다. 나의 예시를 통해 말하고자 하는 것은 잘못된 열심히는 오히려 방향을 잃고 산속으로 가버릴 수 있다는 것이다. 그리고 이러한 것들은 지속성을 상실시킨다. 나도 구독자 200명을 모은 8개월간 중간중간 지치는 경우가 너무 많았다. 열심히 올려도 하루에 구독자 1명이 늘까 말까 했기 때문이다.

누구나 방향성이 중요하다고 이야기한다. 하지만 그것의 중요성은 정말 자신이 '허공에 삽질'을 해봐야 안다. 나는 유튜브를 많이 올리고 싶었던 것이 아니라 내 유튜브를 통해 내 메시지가 다른 사람들에게 더 많이 들리기를 바랐다. 근데 내 방식은 그냥 '내가 올리고 싶은 것을 열심히 올리는 수준'이었다. 이 이후로부터 나는 무언가를 추진할 때 '정말 내가 달성하고 싶은 목표가 무엇인가?' 부터 체크하게 되었다. 시작이 반이다? 물론 중요하다. 하지만 그 전에 먼저 선행될 것은 내 진짜 목표가 무엇이냐에 관한 것이다. 당연히 이 목표는 중간중간 수정될 수 있지만 시작점부터 아무 목표 없이 그냥 나아가는 것은 나처럼 8개월이라는 시간을 허비하는 낭비를 겪게 될 수 있다.

결과적으로 지금은 거의 1만 명의 구독자를 앞두고 있다. 유튜브 채널이 커지면서 나에게는 보다 많은 기회들이 찾아왔다. 다양한 사람들은 조금 더 편하게 만날 수 있게 되었고 내가 하는 일, 그리고 전달하는 메시지에도 더욱 책임감을 가지게 되었다.

어떤 일을 시작하고 싶다면, 그 일에 대해서 충분히 조사하고 시작해야 한다. 조사기간이 너무 길어져서 내가 실제 행동하는 게 미뤄져도 문제가 되겠지만 적어도 유튜브를 한다면 유튜브

알고리즘에 대한 공부부터 이뤄져야 하고, 블로그를 한다면 블로그 로직에 대한 이해부터 되어야 한다.

마찬가지로 어떤 학과에 들어가고 싶으면 그 학과가 무엇을 하고 어떤 진로에 좋은지는 대학을 들어가기 전에 당연히 먼저 알아야 하는 부분이다.

지금 무언가 시작할 준비가 되었는가? 잠깐, 그전에 그 분야에 대한 공부부터 시작하자. 충분히 습득하고 시작해도 늦지 않다. 내가 8개월간 200명의 구독자를 모았지만 2개월 만에 7,500명을 모은 것을 생각해보아라. 올바른 방향성은 오히려 빠른 결과를 가져온다.

부자들은
의사결정에 집중한다

아버지와 함께 등산을 하러 올라가는 길이었다. 가족끼리 오랜만에 외식을 했으니 기분 좋은 상태로 운동도 해야지라는 마음으로 산을 오르고 있었다. 저녁으로 추어탕을 먹었는데, 아버지께서는 입가심으로 커피를 드시고 싶어 하셨다. 대형 마트에 들어갔다. 캔 커피 2개에 2,000원. 아버지는 당신이 가는 곳보다 가격이 비싸다며 그대로 나오셨다. 그리고 원래 가던 가게로 가게 되었다. 아버지께서는 2개에 1,600원이라며 400원이 저렴하다고 하셨다.

가게에 도착해서 2개의 캔 커피를 들고 계산하려는데 사장님께서 1,800원이라고 하셨다. 아버지는 말씀하셨다. "지금까지 매일 여기서 커피를 샀는데 항상 1,600원에 샀다." 아버지가 목소리를 조금 높이시자 사장님께서도 비아냥대는 듯 "그냥 사가세요"라고 말했다. 여기서 감정의 불꽃이 튀었다. 1분간의 말다툼 끝에 결국 아버지가 이기셨다. 1,600원. 아버지는 나오면서도 분이 안 풀리셨는지 화를 쉽게 삭이지 못하셨다.

많은 생각이 들었다. 그러면서 과거에 내가 일본 여행을 갔던 경험이 생각이 났다. 여행을 즐기고 있던 중, 한국에 돌아오는 비행기가 갑자기 결항이 되었다. 돌아가는 비행기가 갑자기 사라진 상황. 나는 꼭 정해진 날짜에 한국에 들어와야 해서 바로 핸드폰을 켜고 항공예매 사이트에 접속을 했다. 항공권 예매는 어플을 활용하면 최저가에서부터 가장 높은 가격까지 가격을 비교할 수 있다. 그날도 역시 그 어플을 켰다. 몇천 원에서 몇만 원까지 가격이 따닥따닥 붙어 있었다. 낮은 가격은 선착순으로 마감되기 때문에 빠른 결정이 필요하다.

내 머릿속에는 여행을 즐겨야지라는 생각은 이미 사라졌다. '어떻게 하면 더 저렴하게 돌아가는 비행기를 예매하지?'가 내 머릿속을 지배했다. 그렇게 이것저것 따지다 보니 예매하는 데만 40분이 걸렸다. 기존의 가격보다 1만 원을 절약했다. 하지만 온 신경이 최저가 예매에만 몰두하다보니, 에너지가 떨어져버렸다. 나는 여행을 왔지만 여행은 즐기지 못하고 이미 지쳐버린 것이다. 그렇게 간단히 저녁만 먹고 숙소에 돌아가서 쉬게 되었다. 단 1만 원 때문에 내 여행 일정의 하루를 그냥 날려 보낸 것이다. 하루의 여행. 그리고 1만 원 어떤 것이 더 가치가 있는 것일까?

다시 우리 아버지의 예로 들어 가보자. 우리 가족은 기분 좋게 산으로 향했지만 아버지는 200원 때문에 감정 낭비, 시간 낭비, 에너지 낭비를 하셨다. 나는 1만 원을 아끼기 위해 모든 에너지를 '최저가'에 투입했고 결국 하루를 날렸다. 사실 아버지의 경우, 그냥 200원을 드리면 그만이다. 가족과 산을 오르는 데, 자연을 즐기는

데, 피로를 푸는 데 더 많은 에너지와 감정을 쓰면 그만인 일이다. 나 역시 마찬가지다. 1만 원을 더 비싼 항공권을 예매해도 그 시간은 최소화해서 스트레스를 줄이고 그날 여행에 집중하고 즐기면 됐었다. 나와 아버지는 눈앞에 보이는 작은 것 때문에 큰 것을 놓쳤다.

회사의 CEO가 오늘 무슨 일을 하지, 일일이 스케줄을 확인하고 이동하는 것을 보았는가? 아마 거의 대부분은 비서를 고용해서 그들에게 잡혀 있는 일정에 대해서 보고 받을 것이다. **부자들은 낮은 수준의 의사결정에 목을 매지 않는다. 그들은 하루 일정에 있어서 가장 중요한 일들, 예를 들면 협력사와의 미팅이라든지 아니면 핵심의사결정 같은 중요한 것에 자신의 에너지를 쓴다.** 그들은 아마 200원을 아끼기 위해 실랑이를 하거나, 1만 원을 아끼기 위해 40분의 에너지를 쓰지 않을 것이다.

성공한 사람들의 책, 그리고 내가 만나고 있는 결과물을 냈거나 내고 있는 사람들, 멘토들을 보면서 나는 더욱 확신하게 되었다. 모두 같은 에너지를 가지고 하루를 보내지만 그들은 그 에너지를 '가장 중요한 곳'에 쓰고 있다는 것이었다. 나처럼 눈앞에 보이는 손실에 대해 쓰지 않았다. 그렇기에 그들은 여유롭다. 여유로워 보이고 싶어서 여유로운 게 아니다. **눈앞에 손실보다 더 큰 이익이 무엇인지 머리로 알고 있기에 사소한 것에 신경 쓰지 않았다.**

나는 지독한 짠돌이였다. 한 푼, 두 푼 아끼는 인색함이 습관처럼 몸에 배어 있었다. 하지만 어느 순간부터 알게 되었다. 이러한 습성 때문에 나는 더 많은 것들을 놓치고 있다는 것을. 좋은 사람들에게 악취를 풍기고 그들을 떠나가게 만들었다. 중요한 의사결정에 온전히 에너지를 쓰지 못하고 눈앞에 보이는 손실과 이득에만 모든 것을 집중했다. 그러다보면 정작 중요한 것은 놓치게 되거나 좋은 수준의 퀄리티를 유지하기 어려웠다.

내가 왜 나의 과거 이야기를 여러분들에게 이야기하는지 아는가? 나 역시 계속 성장하고 배우고 있다는 걸 보여주고 싶기 때문이다. 내가 이러한 낮은 수준의 의사결정을 하고 있다는 걸 스스로 몰랐다면 나는 여전히 눈앞에 이득만 챙기는 이기적인 사람으로 남았을 것이다. 내 치부를 알았고 그걸 고치기 위해 정말 많이 노력했다. 가난한 생각의 습관을 깨부순다는 것은 정말 쉬운 일이 아니다. 하지만 그걸 계속 생각하고 고치려는 노력을 반복하다 보면 결국엔 변한다. 원래의 습관이 있었든, 아니든 일정 기간동안 반복하게 되면 습관이 된다.

돈은 중요하다. 절약하는 습관을 뭐라고 하는 것이 아니다. 하지만, 낮은 수준의 의사결정(눈 앞에 이익, 손실만 따지는 자세)로 더 큰 것을 놓치고 있지는 않은지 한번 꼭 생각해보기 바란다. 당신의 의사 결정력에 만족하는가?

나이에 상관없이
변화하라

이 책을 읽고 있는 여러분들의 나이는 어느 정도 될까? 그 나이가 어떻든 자기계발에 관심이 많다는 공통점이 있을 것이다.

과거의 나는 항상 무언가 '해결된 상태'가 있을 줄 알았다. 이것저것을 모두 다 하면 정말 마음 편한 상태가 오겠지. 내가 취업에 성공하고 적당한 연봉을 받게 된다면 이제 그때부터는 내가 하고 싶은 것들을 마음껏 하고 다닐 수 있는 줄 알았다.

하지만 안타깝게도 이런 자유의 상태를 느껴본 적은 인생에 거의 없다. 아니 딱 한 번 밖에 없었다. 대학교 1학년을 마치고 군대를 가기 전 3개월. 이때는 정말 아무 걱정 없이 놀았던 것 같다. 이때를 제외하고는 항상 무언가를 해결하면 또 다른 문제가 나타나는 삶의 연속이었다. 그래서 지금은 오히려 기대하지 않는 편이다. 내 성장과 발전에만 집중하고 그에 따라 오는 과제들과 문제들은 당연한 것이라는 생각으로 살아가고 있다.

이러한 방식으로 살다 보니 내가 둔감해진 부분이 있다. 바로 나이다. 스스로를 초보라고 생각하고 발전과 성장, 그리고 내가 해야 할 목표에만 집중하다 보면 정말 시간이 빠르게 흘러간다. 자존심 같은 것은 이미 버린 지 오래다. 나는 내 목표에만 관심 있지, 그 과정에서 체면이나 품위, '30대는 이래야 돼!'와 같은 것들에는 큰 관심이 없다. 그러다 보니, 가끔은 주변에서 철없다는 이야기를 종종 듣는다. 하지만 그것이 나쁘다고 생각하지는 않는다. 사실 나이를 더 먹어도 계속 철없게 살고 싶다. 다만, 인생의 책임감은 꽉 잡는 상태로 철없이 살고 싶다. 허허허 하고 웃고 싶고 장난도 편하게 치고 싶고 어린 친구들, 그리고 나보다 스승님들과도 자유롭게 소통하고 지내고 싶다.

나는 09학번이다. 원래는 08학번인데 재수를 했기 때문에 09학번이었다. 당시 나의 나이는 21살. 학교에 가게 되면 선배들을 보게 되는데 그들 중엔 04, 03학번들도 있었다. 당시 나이로 26살 이상이 되는 선배들이었다. 당시에 들었던 생각은 "아니 저 나이 먹고 학교를 다니고 있다고?"라는 생각이었다. 그러던 나는 29살에 겨우 취직을 하게 된다. 21살의 내 시야엔 30살의 성인들은 무척이나 대단해 보였다. 돈을 벌고 있는 것, 결혼을 하는 것. 내가 상상할 수조차 없는 무게감이었다. 21살의 나는 중·고등학교의 때를 못 벗은 풋내기였다.

그런데 내가 30살이 되었다. 근데 여전히 중·고등학교의 때를 못 벗은 풋내기였다. 9년이라는 시간이 흘렀고 외적인 모습만 변화했을 뿐이었다. 나이를 먹는다는 것은 내 생각이랑은 전혀 달랐다.

회사를 다니던 시절, 정장을 입고 가방을 들고 당당하게 출근하는 모습은 나름 당당했다. 하지만 그 속은 20대 초반의 나와 크게 차이가 없었다.

사회는 우리에게 항상 그 나이 대에 일정한 무언가를 강요한다. 20대 중반만 되도 자기 밥벌이는 하라고 압박을 준다. 30대가 되면 이제 경제력이 그 사람을 판단하는 기준이 된다. 이 기준은 누가 우리에게 강요하는 걸까? 분명히 우리 스스로 그것이 합리적이다 또는 불합리하다는 생각할 겨를도 없이 자연스럽게, 무의식적으로 우리 뇌에 들어온다. 우리는 그러한 사회적 기준에 부합하게 살기 위하여 노력한다. 그게 내가 선택한 길이든, 아니든 그것은 상관없다. 그 목적 없는 목적을 위해 자신의 현재를 바친다.

그 과정에서 많은 것을 놓치게 된다. 그리고 '아, 내가 지금 뭐하는 거지? 행복은 무엇이지?'에 대해서 고민하게 되는 순간은 무조건 온다. 사람마다 차이가 있겠지만 20대 초반에 오는 사람도, 30대, 더 나아가 퇴직을 앞둔 시점이 될 수도 있다. 시간은 다르지만 분명히 스스로 고민하게 되는 시기가 온다. 아마 이 책을 읽으시는 분들은 '지금'이지 않을까 싶다. 그리고 그 '지금'에는 나이가 개입될 수 없다. 지금 스스로 변화를 줘야 한다는 것을 본인은 알고 있다.

'나는 너무 늦었어'

'지금은 너무 중요한 문제가 있어. 이것이 해결되는 순간에 할

거야.'

당신이 이러한 생각을 하고 있다면 과거에도 비슷한 생각을 한 적이 있을 가능성이 높다. 그리고 그때도 결론은 미루는 것이었다. 그래서 그 미룬 결과가 지금은 어떻게 실행되었나? 아마 대부분은 적당히 타협하면서 살아가고 있을 것이다. 지금도 마찬가지다. 당신이 하고 싶은 것, 되고 싶은 것, 결단하고 싶은 것에는 분명 걸림돌이 존재할 것이다. 미래에는 달라질 거라고? 아니, 아마도 그때는 그때의 걸림돌이 있을 것이다.

우리가 지금 고민하는 것의 가장 빠르고 어린 시간은 바로 지금이다. 그리고 이 시기는 절대 사회적인 시선이나 조건들이 개입되어서는 안 된다. 여러분 인생에 주인공은 여러분이다. 주인공은 자신의 삶을 타인에게 맡기지 않는다. 당신이 미뤄왔다면 앞으로도 미룰 가능성이 크다.

나는 31살 작년에 방송 댄스를 처음으로 배워봤다. 더 나아가 살사도 배웠다. 마술수업도 들었다. 나이는 중요한 게 아니다. 여러분의 나이가 어떻게 되었든, "내 나이 때에는 이래야 돼!"라는 것은 없다. 오히려 도전하지 않는, 온갖 이유로 합리화하는 스스로가 더 큰 장애물이다. 영원할 것 같은 사랑도 대부분 끝이 난다(사랑 비관론자가 아니라 사실이 그렇다). 월급의 기쁨도 하루면 사라진다. 미래에 우리는 어떻게 될지 정말 아무도 모른다. 지금 하지 않을 이유가 없다. 미루지 말자. 그동안 숨겨왔던, 외면해 왔던 당신만의 리

스트들을 꺼내자. 절대 늦지 않았다고 내가 장담하겠다. 체면? 그런 거 없다. 범죄가 아니라면 우리가 하고 싶은 것은 해야 한다.

다시 한번 기억했으면 좋겠다.

"당신은 당신 인생에 유일한 주인공이다."

연애도 돈도
공부가 필요하다

"연애는 해본 놈이 더 잘한다!"라는 이야기가 있다. 나는 이 말을 뼈저리게 공감한다. 내가 24살 모태솔로였던 이유는 해도 해도 안 되는 놈이었기 때문이다. 내 가장 큰 준거집단인 중학교 동창친구들이 있다. 같이 축구를 했던 그들 중에는 나처럼 연애를 잘 못하는 친구들도 있었지만 어렸을 때부터 연애를 시작한 친구들도 몇 있었다. 이 친구들을 워낙 오래전부터 봤던 친구들이기에 솔직히 같이 있으면 큰 차이를 모르겠다. 그런데 그중 몇몇은 중학교 이후로 지금까지 연애를 무리 없이 계속해왔다. 도저히 이해할 수 없었지만 지속적으로 만나는 것을 보면서 받아들이지 않을 수 없었다.

내가 연애를 시작하고 나서부터, 그리고 이성에 대한 결핍감에서 탈출하고 나서부터 나는 왜 그들이 지속적으로 연애를 잘 하는지에 대해서 어렴풋이 이해할 수 있었다.

어렸을 때부터 연애를 잘하는 친구들은 우연찮게 어린 시절 연애를 처음 시작했을 것이다. 그러다가 헤어지고 또 다시 어쩌다가 연애를 하게 된다. 이 친구들은 이러한 과정 속에서 어떻게 하면 스스로를 이성에게 매력적으로 어필할지 무의식적으로 알게 된다. 물론 이것을 말로 알려달라고 하면 말할 수도 없고 글로 풀 수도 없다. 무의식의 영역이기 때문이다. 하지만 이 친구는 은연중에 안다. 나의 어떤 면을 이성이 좋아할지를. 나이를 먹으면서 이것은 점점 더 정교해진다. 이 친구는 이제 이성에게 자신을 아주 자연스럽게 어필한다.

나는 이러한 감을 전혀 가지지 못한 채로 20대 중반이 되었다. 덧셈 뺄셈도 모르는데 곱하기 나누기를 할 수 없는 일이다. 나는 연애에서의 덧셈 뺄셈을 아예 몰랐기 때문에 더하고 빼는 과정에 대한 시행착오를 늦게 겪어야 했다.

사람들은 연애 문제는 '나중에는 어떻게든 되겠지'라며 방관하는 경우가 많다. 하지만 내가 보아온 대부분의 남자들은 어느 시기가 되면 갑자기 인기가 많아진다든지 이성과 만날 기회가 많아지는 경우는 드물었다. 지금의 문제는 나중에 가서도 발목을 잡기 마련이다. 24살 모태솔로의 나는 이성을 만나면서 나는 많은 상처를 받았다. 참 쪽팔린 기억이지만 "왜 나를 안 좋아해줘!"라는 땡깡도 부려봤고 면전에서 마음에 들지 않는다는 이야기도 들었다. 내 뜻대로 되지 않는 경우가 90%였다.

나는 연애를 글로도 공부했다. 무엇이 매력인가에 대해서도 많은 공부를 했다. 부끄럽지만 사실이다. 물론 공부와 실전은 달랐다.

열심히 밑바닥을 기었다. 그때의 밑바닥을 기는 경험이 있었기 때문에 결과적으로 해피엔딩이 될 수 있었다고 생각한다. 확실한 건 나에게 연애는 절대 쉽지 않았다.

홀로 일을 하면서 매일매일 다양한 문제와 부딪친다. 사업을 한다는 것은 문제 해결사가 된다는 것이라는 문장을 책에서 보았는데 정말로 매일매일 문제가 있다. 콘텐츠를 생산하는 문제, 고객들의 문제를 매일매일 해결해주는 것. 아직 초보인 나는 효율적이지 않게 일하는 경우도 많았다. 남들이 1시간 걸릴 거 3시간 걸리는 일도 많았고 무엇이 나에게 옳은지, 아닌지도 직접 해봐야 알 수 있었다. 나는 연애와 마찬가지로 일에 대해서는 밑바닥이었다.

다양한 사업 책도 많이 보게 되었다. 역시 가장 쉬운 것은 이론적 공부다. 성공한 사람들의 자서전부터해서 온라인 비즈니스에 대한 책, 가격에 관련된 책, 마케팅에 관련된 책. 내가 이전에는 한 번도 본 적이 없는 분야에 책들을 요새는 매일매일 읽고 있다. 나는 31살 이전까지 온라인 비즈니스에 대해서, 사업에 대해서, 무자본 창업에 대해서 아무것도 몰랐다. 내가 아예 연애를 못했던 시절과 똑같은 상황이었다.

열심히 공부하고 적용했다. 자존심이 상하는 일도 많았다. 유튜브를 통해서는 아무 이유 없이 악플을 다는 사람들도 있었고 시기, 질투도 받았다. '내가 누군가에게 시기 질투를 만들 정도인가?'는 생각도 들었었다. 1년이 지났다. 결과물은 번외로 두고 멘탈이 강해졌다. 비즈니스에 대한 이해도가 높아졌다. 책들을 선별하는 능력이 높아졌다.

연애든, 사업이든, 돈이든 절대로 미래에 어떻게든 되지 않는다. 지금 내 수준에서 할 수 있는 '발악'을 하되, 성장하려는 노력을 하지 않으면 안 된다. 이 과정은 무지하게 괴롭다. 내가 좋아하는 사람이 나를 좋아하지 않는다는 것만큼 슬픈 일은 없다. 솔직히 울기도 많이 울어봤다. 매일매일 글을 쓰고 콘텐츠를 만드는 지금, 나는 매일매일 머리를 쥐어 짜내는 고통을 겪고 있다. 누워서도 일에 대한 생각에 잠도 설치는 날도 많았다. 당연히 포기하고 싶은 적도 많았다. 그래도 했다. 살고 싶어서 했다. 내가 원하는 목표에 도달하기 위해서 열심히 실행하고 공부한다. 과거의 내가 설렘이라는 감정을 느껴보고 싶어서 노력한 것처럼.

30살, 여전히 도전 중입니다

초판 1쇄 인쇄 _ 2020년 10월 10일
초판 1쇄 발행 _ 2020년 10월 15일

지은이 _ 이원준
펴낸곳 _ 바이북스
펴낸이 _ 윤옥초
책임 편집 _ 김태윤
책임 디자인 _ 이민영

ISBN _ 979-11-5877-194-2 03190

등록 _ 2005. 7. 12 | 제313-2005-000148호

서울시 영등포구 선유로49길 23 아이에스비즈타워2차 1005호
편집 02)333-0812 | 마케팅 02)333-9918 | 팩스 02)333-9960
이메일 postmaster@bybooks.co.kr
홈페이지 www.bybooks.co.kr

책값은 뒤표지에 있습니다.
책으로 아름다운 세상을 만듭니다. ― 바이북스

미래를 함께 꿈꿀 작가님의 참신한 아이디어나 원고를 기다립니다.
이메일로 접수한 원고는 검토 후 연락드리겠습니다.